वाणी प्रकाशन ग्रुप

भारतीय ज्ञानपीठ

वाणी प्रकाशन : भारतीय ज्ञानपीठ की पुस्तकों के एकमात्र प्रकाशक एवं वितरक

चंद्रशेखर आज़ाद

(जीवन कथा)

चंद्रशेखर आज़ाद

लक्ष्मेंद्र चोपड़ा

शृंखला सम्पादक
लीलाधर मंडलोई

भारतीय ज्ञानपीठ

पहला संस्करण : 2017
दूसरा संस्करण : 2022

शिक्षोदय ग्रन्थमाला : ग्रन्थांक 045

प्रकाशक

वाणी प्रकाशन ग्रुप

4695, 21-ए, दरियागंज, नयी दिल्ली-110 002
फ़ोन : 011-23273167, 23275710
ईमेल : sales@vaniprakashan.in

ISBN : 978-93-263-5532-2

चंद्रशेखर आज़ाद
(जीवन कथा)
लक्ष्मेंद्र चोपड़ा

CHANDRA SHEKHAR AZAD
(Jeevan Katha)
by Laxmendra Chopra

मुद्रक : आर. टेक ऑफ़सेट प्रिंटर्स, दिल्ली-110 032

Price : INR. 195

भारत के भविष्य : युवा साथियों के लिए

"मैं अँग्रेज सरकार को इस सभा में चुनौती देता हूँ कि मेरे शरीर पर की गयी लाठी की हर चोट अँग्रेजी सरकार की कफन के कील बनेगी।"

17 नवम्बर 1928 को पुलिस की लाठी की चोटों से घायल लाला जी का स्वर्गवास हो गया। उनकी मृत्यु से पूरे देश की जनता में गुस्से की आग भड़क गयी।

लाला लाजपत राय की इस मृत्यु को क्रान्तिकारी दल ने अँग्रेज पुलिस द्वारा उनकी जानबूझ कर की गयी क्रूर हत्या के रूप में लिया। यह निश्चय किया गया कि लाला जी की हत्या के लिए ज़िम्मेदार पुलिस अफसर का वध कर दिया जाय। चंद्रशेखर आज़ाद, सरदार भगतसिंह तथा जयगोपाल ने लाला जी की हत्या का बदला लेने की सौगंध ली।

लाला जी की मृत्यु का बदला लेने के पूर्व क्रान्तिकारी दल ने चंद्रशेखर आज़ाद के नेतृत्व में सरकारी बैंक लूटने की योजना बनायी, लेकिन बाद में इसे स्थगित कर दिया गया। इसके बाद चंद्रशेखर आज़ाद और क्रान्तिकारी साथी फरीदाबाद के पास अँग्रेज वायसराय लॉर्ड इर्विन की रेल बोगी को टाइम बम से उड़ाने का प्रयास कर चुके थे। हालांकि उस विस्फोट में वायसराय को नुकसान नहीं हुआ, लेकिन इससे क्रान्तिकारियों की हिम्मत बढ़ गयी।

दिसम्बर 1928 के पहले सप्ताह में लाहौर के मजंग मोहल्ले में क्रान्तिकारियों की बैठक में सांडर्स की हत्या करने की योजना को अन्तिम रूप दिया गया।

इस योजना के अन्तर्गत यह विचार किया गया था कि लाहौर

मेरी बात

स्वतंत्रता संग्राम में जिन वीर शहीदों को याद किया जाता है, उनमें चंद्रशेखर आज़ाद का नाम अग्रिम पंक्ति में दर्ज़ है। किशोरावस्था से ही निर्भीक और साहसी चंद्रशेखर आज़ाद ने साधारण परिवार में जन्म लिया था, मगर अपने अध्ययन-मनन के जरिये उन्होंने महान गुणों का परिपालन किया और अपने देश के प्रति कुछ कर गुजरने का संकल्प लिया। इससे यह पता चलता है कि चंद्रशेखर आज़ाद ने आरम्भ से ही महापुरुषों के क्रियाकलापों को बड़े गौर से देखा, समझा और उनका अनुगमन किया। इतना ही नहीं, जब देश के लोगों में आज़ादी पाने की ख्वाहिश जोर मार रही थी, वे वाक़ायदा एक सच्चे सैनिक की तरह इस मुहिम में शामिल हो गये। यह सचाई है, जब देश की नौजवान पीढ़ी देश की आज़ादी के लिए अपना जीवन बलिदान करने में हिचक नहीं रही थी, चंद्रशेखर आज़ाद ने उनके साथ कदम से कदम मिलाकर क्रान्तिकारी गतिविधियों की अगुआई की। उन्होंने छोटी उम्र में ही अँग्रेजी हुकूमत में पल रही दमनकारी नीतियों के खिलाफ आवाज़ बुलन्द की और अग्रज क्रान्ति दूतों के साथ मिलकर अँग्रेजों को परस्त करने वाली योजनाओं को साकार करने में आगे रहे।

सरदार भगतसिंह, रामप्रसाद बिस्मिल, बुटकेश्वर दत्त, राजेन्द्र

लाहिड़ी, भगवती चरण वोहरा, दुर्गा भाभी आदि उनके साथी थे। निश्चित रूप से चंद्रशेखर आज़ाद का जीवन इस देश की नयी पीढ़ी के लिए अत्यन्त प्रेरणास्पद और अनुसरण के योग्य है।

—लक्ष्मेंद्र चोपड़ा

हमें संगठन और क्रान्ति के माध्यम से भारत में एक गणतांत्रिक शासन प्रणाली लागू करना है। इस गणतंत्र में भारत के सभी प्रान्तों को राज्य के घरेलू विषयों में पूर्ण स्वतंत्रता होगी। प्रत्येक वयस्क नागरिक को मताधिकार होगा। एक ऐसी सामाजिक तथा राजकीय प्रणाली स्थापित की जाएगी जिसमें सभी शोषित मनुष्यों का उत्थान हो सके।

—चंद्रशेखर आज़ाद

एल्फ्रेड पार्क, इलाहाबाद में अपने पिस्तौल की आखिरी गोली से शहीद हुए आज़ाद

चंद्रशेखर आज़ाद मानते थे कि क्रांतिकारियों के प्रयत्न भी देश की मुक्ति के लिए संघर्ष का ही भाग है। क्रान्तिकारी अंग्रेज सरकार के अत्याचारों से लोहा लेकर विदेशी शासकों को यह बताना चाहते हैं कि हमारे देशवासियों की ताकत से हम डरते नहीं हैं। क्रान्तिकारियों के संगठन की विचारधारा आतंकवादी नहीं, प्रजातांत्रिक समाजवादी है।

क्रान्तिकारी साथी रूस की क्रान्ति से बहुत प्रभावित थे। उनमें से कुछ साथियों ने सुझाव दिया कि चंद्रशेखर आज़ाद रूस चले जाएँ। लेकिन चंद्रशेखर आज़ाद भारत से कहीं बाहर जाने के पक्ष में नहीं थे। वे कहते थे—

चंद्रशेखर आज़ाद रहे हैं और आज़ाद ही रहेंगे। अन्तिम साँस भी भारत माता की गोदी में लेंगे।

इन्हीं दिनों आज़ाद ने संगठन में विचार-विमर्श किया। एक

विप्लव गान

कवि! कुछ ऐसी तान सुनाओ, जिससे उथल पुथल मच जाये,
एक हिलोर इधर से आये, एक हिलोर उधर से आये।
प्राणों के लाले पड़ जायें, त्राहि-त्राहि रव नभ में छाये,
नाश और सत्यानाशों का, धुवाँधार जग में छा जाये॥
बरसे आग, जलधि जल जायें, भस्मसात् भूधर हो जायें,
पाप-पुण्य, सद-असद भाव की, धूल उड़ उठे दायें-बायें।
नभ का वक्षस्थल फट जाये, तारे टूक-टूक हो जाये।
कवि! कुछ ऐसी तान सुनाओ, जिससे उथल-पुथल मच जावे॥
माता की छाती का, अमृतमय पय कालकूट हो जाये,
आँखों का पानी सूखे, वे शोणित की घूँट हो जाये।
एक ओर कायरता काँपे, गतानुगति विगलित हो जाये,
अंधे, मूढ़ विचारों की वह, अचल शिला विचलित हो जाये,
और दूसरी ओर कँपा देने वाला गर्जन उठ धाये।
अन्तरिक्ष में एक उसी, नाशक तर्जन की ध्वनि मँडराये,
कवि! कुछ ऐसी तान सुनाओ, जिससे उथल-पुथल मच जाये॥

पद्मभूषण कवि श्री बालकृष्ण शर्मा 'नवीन' के उपरोक्त विप्लवगान के स्वर भारतवर्ष में सन् 1857 की जनक्रान्ति में पहली

चंद्रशेखर आज़ाद

बार सामूहिक रूप से आज़ादी की इच्छा भूमि पर गरजे थे। अठारह सौ सत्तावन का सशस्त्र स्वधीनता संग्राम किसी एक धर्म या एक क्षेत्र का नहीं था, यह आज़ादी के लिये भारत की सामूहिक जनक्रान्ति थी। इस सशस्त्र जनक्रान्ति में पूरा भारत शामिल था।

आज़ादी के इस विप्लव में पश्चिमी मध्यप्रदेश के भीलों ने क्रान्तिकारी तात्याटोपे का साथ दिया था। पश्चिमी मध्यप्रदेश में ब्रिटिश राज्य के विरोध में हुई इस जन विद्रोह की ऐतिहासिक विशेषता है—इसकी लम्बी आयु। यह लड़ाई भील विद्रोहियों ने खज्या नायक के नेतृत्व में सन् 1860 तक लड़ी। सम्भवतः पूरे भारत में लड़ी गयी यह 1857 के स्वतंत्रता संग्राम की सबसे बड़ी लड़ाई थी।

पश्चिमी मध्यप्रदेश की इसी विप्लव भूमि का एक छोटा-सा आदिवासी गाँव है—**भाँवरा**। अलीराजपुर रियासत का यह गाँव आज मध्यप्रदेश के झाबुआ जिले में शामिल है। इसी गाँव में पंडित सियाराम तिवारी अपनी पत्नी जगरानी के साथ रहते थे। मूलतः उत्तरप्रदेश के कानपुर जिला के निवासी सियाराम जी सन् 1900 के आस-पास अलीराजपुर की रियासत के भाँवरा गाँव में बस गये। आरम्भ में उन्होंने कुछ समय पशुपालन द्वारा दूध-घी का व्यवसाय किया। फिर वे रियासत के बगीचों की देखभाल करने लगे। इसी गाँव में सन् 23 जुलाई 1906 को एक दुबले-पतले बालक का जन्म हुआ। यही बालक आगे चलकर आज़ादी के विप्लव की परम्परा के इतिहास में महान क्रान्तिकारी चंद्रशेखर आज़ाद के नाम से अमर हो गया।

चंद्रशेखर बचपन से ही साहसी तथा निर्भीक स्वभाव के थे। उनके एक बड़े भाई भी थे, उनका नाम था—सुखदेव।

चंद्रशेखर की बाल्यावस्था का एक प्रसंग है। लगभग छः-सात वर्ष की आयु में गाँव की पाठशाला में ही उनका विद्याध्ययन आरम्भ हो गया।

उनकी बालक मित्र मंडली में एक रोशनी वाली दियासलाई की डिबिया आयी। दियासलाई की एक तीली जलाने से वे अपनी मित्र मंडली के साथ रोशनी का आनन्द ले रहे थे। तभी रोशनी के इस खेल में एक बालसुलभ जिज्ञासा आ पसरी—

"अगर एक तीली जलाने से इतनी रोशनी होती है, तब अगर ढेर सारी तीलियाँ जलाई जाएँ तो कितनी रोशनी होगी?"

चंद्रशेखर के मन ने इस जिज्ञासा के उत्तर की खोज में प्रयोग

चंद्रशेखर आज़ाद की माँ जगरानी

करने की ठान ली। निर्भीक साहसी बालक ने दियासलाई की सारी तीलियाँ एक साथ जला लीं।

तेज रोशनी की ज्वाला उठी। बालक का हाथ झुलस गया, लेकिन वह उस रोशनी के स्वागत में मुस्कुराता रहा। तब किसे पता था यह मुस्कान निर्भीकता की वह मशाल है, जिसके सम्बन्ध में गुरुदेव रवीन्द्रनाथ ठाकुर ने 'गीतांजली' में लिखा है—

मन जहाँ डर से परे है
और सिर जहाँ ऊँचा है;
ज्ञान जहाँ मुक्त है;
और जहाँ दुनिया को
संकीर्ण घरेलू दीवारों से
छोटे छोटे टुकड़ों में बाँटा नहीं गया है;
जहाँ शब्द सच की गहराइयों से निकलते हैं;

जहाँ थकी हुई प्रयासरत बाँहें
त्रुटि हीनता की तलाश में हैं;
जहाँ कारण की स्पष्ट धारा है
जो सुनसान रेतीले मृत आदत के
वीराने में अपना रास्ता खो नहीं चुकी है;
जहाँ मन हमेशा व्यापक होते विचार और सक्रियता में
तुम्हारे जरिये आगे चलता है
और आजादी के स्वर्ग में पहुँच जाता है ओ पिता
मेरे देश को जागृत बनाओ।

चंद्रशेखर चौदह वर्ष की आयु में शिक्षा ग्रहण करने के उद्देश्य से वाराणसी चले गये, लेकिन वाराणसी पहुँचने के पहले वे मुम्बई गये थे। मुम्बई प्रवास का लाभ यह हुआ कि वे परम्परावादी ब्राह्मण परिवार की रूढ़ियों से मुक्त हो गये। मुम्बई में कुछ समय उन्होंने जलयानों को रंगने वाले कारीगरों के सहायक के रूप में काम किया, लेकिन इस महानगर के कोलाहल के रंगों में उनका मन नहीं रमा। वे वाराणसी पहुँच गये।

वाराणसी में उन्हें एक स्वयंसेवी सामाजिक आवासीय विद्यालय में स्थान मिल गया। इस विद्यालय में छात्र संस्कृत ग्रंथों की शिक्षा प्राप्त कर रहे थे। संस्कृत व्याकरण, लघु कौमुदी, अमरकोश जैसे ग्रंथ उनके छात्र जीवन में शामिल हो गये। रामायण और महाभारत की वीर गाथाएँ उन्हें पसन्द आती थीं। छात्र-जीवन में उन्हें वाराणसी की व्यायाम शालाओं, गंगा नदी की लहरों के साथ-साथ ग्रंथालयों, वाचनालयों के समय बिताना अच्छा लगता था।

यहीं से किशोर चंद्रशेखर का परिचय देश की आज़ादी की

भावना से हुआ। पुस्तकालयों तथा समाचार पत्रों से उन्हें देश में चल रही घटनाओं की जानकारियाँ मिलने लगीं। इन्हीं जानकारियों ने उनके मन में राष्ट्रीय उमंग तथा आज़ादी हासिल करने की इच्छा जागने लगी। यही किशोर चंद्रशेखर की वीर कामना थी।

किशोर आज़ाद

किशोरावस्था में चंद्रशेखर आज़ाद

एक हमारा ऊँचा झंडा, एक हमारा देश
इस झंडे के नीचे निश्चित एक अमिट उद्देश्य।
हमारा एक अमिट उद्देश्य।

वाराणसी, बनारस अथवा **काशी** एक ही नगर का नाम है। सन् 1921 में पूरे देश की तरह यह नगर भी सविनय अवज्ञा आन्दोलन की राष्ट्रीय आँधी की धारा में आज़ादी के आसमान

को छूने के लिये व्याकुल था।

इन्क़लाब ज़िन्दाबाद
भारतमाता की जय
अँग्रेजो भारत छोड़ो।

नारे पूरे भारत में गूँज रहे थे। पूरे देश में विदेशी सामान की होली जलाई जा रही थी।

महात्मा गाँधी के नेतृत्व में पूरा देश आज़ादी के नारों के साथ गा रहा था—

मिले ख़ुश्क रोटी जो आज़ाद रह कर।
तो वो खौफ-आ-ज़िल्लत के हलवे से बेहतर।

इस आन्दोलन की शुरुआत रोलट एक्ट के विरोध से आरम्भ हुई थी, जिसके कारण 13 अप्रेल 1919 को अमृतसर के जलियाँवाला बाग में ब्रिटिश पुलिस ने अहिंसक निरीह जनसभा पर क्रूर गोलीकांड कर सैकेड़ों लोगों की हत्या कर दी थी।

दिसम्बर 1917 में अँग्रेज सरकार ने भारतीय स्वतंत्रता प्रयासों को कुचलने के उद्देश्य से एक कमेटी का गठन किया। इस कमेटी में बम्बई हाईकोर्ट के चीफ जस्टिस बेसिल स्कॉट, राजस्व मंडल के सदस्य बने लाइट, बंगाल हाइकोर्ट के एडवोकेट प्रभातचन्द्र मिश्र, मद्रास हाइकोर्ट के जस्टिस कुमार स्वामी शास्त्री, जस्टिस ए.एस.टी. रोलट थे। इस कमेटी के अध्यक्ष अँग्रेज जस्टिस रोलट थे।

अँग्रेज सरकार इस कमेटी की सिफारिशें के माध्यम से भारत में राजनीतिक सुधारों की आड़ में भारतीयों की आज़ादी पर

प्रतिबन्ध लगाना चाहती था। इस कमेटी को भारत में आज़ादी की गतिविधियों पर अंकुश लगाने के लिये कानून बनाने का काम सौंपा गया था। आरम्भ में कहा गया था कि यह कमेटी भारत में चल रही क्रान्तिकारी गतिविधियों तक ही सीमित रहेगी।

जस्टिस रोलट की कमेटी की रिपोर्ट आने पर अँग्रेज सरकार की नीयत जग ज़ाहिर हो गयी। इस रिपोर्ट में भारतीयों की आज़ादी के सभी अधिकारों तथा राजनीतिक व प्रेस की स्वतंत्रता को सीमित कर दिया था।

सन् 1919 में रोलट एक्ट के पास होते ही अँग्रेज पुलिस को असीमित निरंकुश अधिकार मिल गये। लोकमान्य तिलक जैसे बुद्धिजीवी स्वतंत्रता संग्राम सेनानियों को भी विप्लववादी घोषित कर दिया गया। अँग्रेज पुलिस का दमन चक्र पूरे भारत में चलने लगा। भारतीयों को बिना किसी प्रमाण के जेल भेजा जाने लगा।

महात्मा गाँधी के नेतृत्व में दमनकारी रोलट एक्ट के विरुद्ध सत्याग्रह आरम्भ हो गया। गाँधी जी ने इस बिल के विरुद्ध 30 मार्च 1919 को राष्ट्रव्यापी हड़ताल, बन्द और धरने का आह्वान किया। दिल्ली में इस आन्दोलन के विरुद्ध एक बड़ा मार्च निकाला गया। अँग्रेजों की दमनकारी पुलिस ने दिल्ली रेलवे स्टेशन के सामने इस मार्च पर लाठी चार्ज किया और गोलियाँ चला दीं। निहत्थी जनता पर गोलियाँ चलाने के कारण सात व्यक्तियों की मृत्यु हो गयी तथा अनेक व्यक्ति घायल हो गये।

इस घटना के विरोध में आर्य समाज के प्रमुख स्वामी श्रद्धानंद के नेतृत्व में दिल्ली की जामा मस्जिद के सामने एक बड़ी सभा का आयोजन किया। इस आन्दोलन में हिन्दु-मुस्लिम ने एक साथ

चंद्रशेखर आज़ाद के प्रेरणास्त्रोत स्वामी श्रद्धानन्द

अँग्रेज सरकार के इस बिल का न केवल विरोध किया, बल्कि आज़ादी हासिल करने का भी संकल्प लिया। चंद्रशेखर आज़ाद ने भी श्रृद्धानन्द के विचारों से प्रेरणा ग्रहण की।

दिल्ली की तरह देश के अन्य भागों में भी रोलट एक्ट का भारी विरोध हो रहा था। 08 अप्रैल 1919 को महात्मा गाँधी को पंजाब के पलवल रेलवे स्टेशन पर गिरफ्तार कर लिया गया। इसके पहले पंजाब के प्रसिद्ध काँग्रेस नेता सत्यपाल और डा. किचलू गिरफ्तार हो चुके थे। इन सारी गिरफ्तारियों से पंजाब की जनता में असन्तोष फैल गया। पूरे पंजाब में रोलट बिल के साथ-साथ अँग्रेज शासकों के पुतले जलाये जा रहे थे। देश की आज़ादी के समर्थन में चल रहे इन आन्दोलनों को अँग्रेज पुलिस ने कठोर दमनचक्र से कुचलना चाहा। इस कारण पंजाब में कहीं-कहीं कुछ हिंसक घटनाएँ भी हुईं।

13 अप्रैल 1919 को पंजाब का सबसे बड़ा लोकपर्व बैसाखी का त्यौहार था। रोलट बिल तथा अँग्रेजों की दमनकारी नीतियों के विरुद्ध अमृतसर के जालियाँवाला बाग में एक विशाल सभा का आयोजन किया गया था। सभास्थल चारों तरफ से बन्द था, तथा बाहर जाने का मात्र एक सँकरा रास्ता था। सभा में स्त्री-पुरुष-बच्चे, बूढ़े, हिन्दु, सिख, मुस्लिम सभी शान्तिपूर्वक एकत्र हुए थे।

इस सभा में भाषण दिये जा रहे थे। इसी समय जनरल डायर दो सौ सशस्त्र सिपाहियों के साथ वहाँ पहुँच गया। जनरल डायर ने बिना किसी कारण और चेतावनी के सिपाहियों को वहाँ चल रही निहत्थी सभा पर गोलियाँ चलाने का आदेश दिया।

इस गोलीकांड में सरकारी आँकड़ों के अनुसार 422 लोगों के मरने तथा दो हजार लोगों के घायल होने की बात कही गयी थी। जबकि वास्तविक संख्या कहीं बहुत ज्यादा थी।

यह गोलीकांड पूर्व नियोजित था। इसका उद्देश्य पंजाब तथा भारत के अन्य भागों में विदेशी अँग्रेज शासकों के विरुद्ध पनपते विद्रोह की भावना को कठोरता के साथ कुचलना था। इस गोलीकांड के साथ पंजाब में अँग्रेज सरकार का फौजी शासन लागू कर दिया गया। जिसके कारण दमनकारी घटनाएँ अधिक बढ़ गयीं। इस घटना से चंद्रशेखर आज़ाद विचलित हो उठे।

पंजाब की इन घटनाओं से पूरे देश में असन्तोष फैल गया। इसके साथ ही सन् 1921 में अँग्रेजों के विरुद्ध सविनय अवज्ञा आन्दोलन आरम्भ हो गया। पूरे देश में जनता सड़कों पर आ कर अँग्रेजों के विरोध में नारे बुलन्द करने लगी।

काशी की सड़कों पर भी एक जुलूस अँग्रेजों के विरुद्ध नारे लगाता आन्दोलन कर रहा था।

इन्क़लाब
ज़िन्दाबाद
अँग्रेजो
भारत छोड़ो
भारत माता की
जय
वंदे मातरम
महात्मा गाँधी की
जय

भारतीय असहयोग आन्दोलन की दोपहर में काशी की सड़कों पर नारे लगाते हुए जुलूस का नेतृत्व एक तेजस्वी किशोर कर रहा था। यह किशोर चंद्रशेखर था।

काशी की कई गलियों में ढूँढते हुए अँग्रेजों की पुलिस चंद्रशेखर के कमरे तक भी पहुँच गयी।

राष्ट्रीयता के रंगों में रंगा कमरा। देशभक्ति की कई तस्वीरें और साहित्य उस कमरे में थे।

देखा जागृति के प्रभात में एक स्वतंत्र प्रकाश, फैला है सब ओर एक-सा-एक अतुल उल्लास। कोटि-कोटि कंठ में कूजित एक विजय-विश्वास, मुक्त पवन में उड़ सकने की एक अमर अभिलाष। सबका सुहित, सुमंगल सबका, नहीं बैर-विद्वेष, एक हमारा ऊँचा झंडा, एक हमारा देश।

किशोर चंद्रशेखर को गिरफ्तार कर लिया गया। उनके हाथों

में हथकड़ियाँ लगा दी गयीं, किन्तु चंद्रशेखर के तन-मन, कहीं भी भय की कोई झलक नहीं थी।

काशी की क्रान्ति-भूमि में अँग्रेजी हुकूमत की अदालत लगी हुई थी। किशोर चंद्रशेखर कटघरे में खड़े हुए थे, मानो कोई निर्भीक सिंह पहली और अन्तिम बार कटघरे में खड़ा हो।

अँग्रेजों द्वारा प्रदत्त निरंकुश अधिकारों से सज्जित काशी के दंडाधिकारी का किशोर चंद्रशेखर से पहला प्रश्न था :

"तुम्हारा नाम क्या है?"

"आज़ाद"—किशोर की ओर से निर्भीक दृढ़ उत्तर आया।

दंडाधिकारी इस उत्तर से कुछ चकित हुआ। इस बार उसने अधिक कठोर मुद्रा से कटघरे में खड़े उस किशोर को देखा।

यह वह किशोर था जो अभी-अभी कुछ क्षणों पूर्व ही भारत की आज़ादी की लड़ाई के क्रान्तिकारी इतिहास को एक जगमगाता नाम दे चुका था—

"चंद्रशेखर आज़ाद।"

दंडाधिकारी ने पूछा—

"तुम्हारे पिता का नाम?"

तुरन्त उत्तर आया—

"स्वतंत्र"

दंडाधिकारी ही नहीं अदालत में उपस्थित सभी स्तब्ध थे। दंडाधिकारी ने पूछा—"तुम्हारा घर कहाँ है?"

किशोर चंद्रशेखर आज़ाद का उत्तर था—

"जेलखाना"

इस उत्तर को सुन अँग्रेजों का दंडाधिकारी अपमान और क्रोध

से लाल-पीला हो गया। उसने चंद्रशेखर को पन्द्रह बेतों की कठोर सज़ा का आदेश दे दिया।

अँग्रेज शासकों द्वारा बेंत मारने की सज़ा अत्यंत कठोर तथा क्रूर सज़ाओं में एक थी, लेकिन चंद्रशेखर आज़ाद की निर्भीकता पर इसका कोई असर नहीं पड़ा। जल्लाद द्वारा उनकी नंगी पीठ पर मारी जाने वाली हर बेंत उनकी पीठ से चमड़ी खींच लेती थी। उनकी पीठ रक्त से नहा उठती थी, लेकिन बेंत की हर 'सटाक' के प्रहार पर वीर चंद्रशेखर आज़ाद का जय घोष होता था—

भारत माता की जय

वीर किशोर चंद्रशेखर आज़ाद उसी भारत माता का जयगान कर रहे थे, जिसके बारे में कवि मैथलीशरण गुप्त ने लिखा है—

जय जय भारत माता!
तेरा बाहर भी घर-जैसा रहा प्यारा ही पाता॥
ऊँचा हिया हिमालय तेरा,
उसमें कितना दरद भरा।
फिर भी आग दबा गर अपनी,
रखता है वह हमें हरा।
सौ सोतों से फूट-फूटकर पानी टूटा आता
जय जय भारत माता!

भारत माता के वीर बालक चंद्रशेखर पन्द्रह बेतों की सज़ा पा कर देश की आज़ादी के लिये अधिक प्रेरित, अधिक दृढ़ हो गये। अभी तक उन्होंने अँग्रेजों के कठोर अत्याचारों के सम्बन्ध में सुना ही था अथवा समाचार पत्रों में पढ़ा था, लेकिन पन्द्रह

बेतों की सज़ा ने उनकी इस आस्था को अधिक दृढ़ कर दिया कि हम भारतीय वास्तव में अँग्रेजों के जेलखाने रूपी शासन में रह रहे हैं, और इस जेल से पूरे देश की मुक्ति ही हमारा संकल्प होना चाहिये—

मेरी जां न रहे मेरा सर न रहे, सामां न रहे न ये साज़ रहे
फकत हिन्द मेरा आज़ाद रहे मेरी माता के सर पर ताज रहे।

चंद्रशेखर इस घटना के समय काशी के ज्ञानवापी मुहल्ले में रहते थे। इस सज़ा की खबर में पूरी काशी में फैल गयी। अदालत के बाहर काशीवासियों की भारी भीड़ जमा हो गयी। चंद्रशेखर का भीड़ ने हार्दिक अभिनन्दन किया। उन पर फूलों की वर्षा की गयी।

भारत माता की जय।
स्वराज्य हमारा जन्मसिद्ध अधिकार है।
अँग्रेजशाही मुर्दाबाद
महात्मा गाँधी की जय

गगनभेदी नारों के साथ वीर चंद्रशेखर का स्वागत किया गया। शाम को विशाल अभिनन्दन सभा में उनका अभिनन्दन किया गया।

सम्पूर्णानंद जी की पत्रिका 'मर्यादा' में 'वीर बालक आज़ाद' के शीर्षक से एक लेख प्रकाशित हुआ। इस लेख में उनके चित्र के साथ उनके साहसिक देशभक्ति अभियान की भूरि-भूरि प्रशंसा की गयी थी।

साहसी तथा स्वाभिमानी चंद्रशेखर ने संकल्प लिया कि वे जीवन भर 'आज़ाद' ही रहेंगे। उनकी **प्रतिज्ञा** थी—

आज़ाद के हाथों में अब हथकड़ी लगाना कठिन ही नहीं अब असम्भव होगा। जब तक इस शरीर में साँस है, पुलिस इसे बन्दी नहीं बना सकती।

समय साक्षी है उनका यह प्रण भीष्म-प्रतिज्ञा बन भारत के क्रान्तिकारी इतिहास में अटल रहा।

सुप्रसिद्ध कवि **श्रीकृष्ण सरल** के शब्दों में—

चंद्रशेखर नाम, सूरज का प्रखर उत्ताप हूँ मैं,
फूटते ज्वालामुखी सा क्रान्ति का उद्घोष हूँ मैं।
कोश ज़ख्मों का, लगे इतिहास के जो वक्ष पर है,
चीखते प्रतिरोध का जलता हुआ आक्रोश हूँ मैं।
विवश अधरों पर सुलगता गीत हूँ विद्रोह का मैं,
नाश के मन पर नशे जैसा चढ़ा उन्माद हूँ मैं,
मैं गुलामी का कफ़न, उजला सपन स्वधीनता का मैं,
नाम से आज़ाद, हर संकल्प से फौलाद हूँ मैं॥

मुल्क के लिये ही आज़ाद

युवक चंद्रशेखर आज़ाद पढ़ना चाहते थे, अतएव उन्होंने काशी विद्यापीठ में प्रवेश ले लिया।

देश-विदेश में कई नयी घटनाओं के वर्ष थे—वे। सन् 1917 में रूस में साम्यवादी आर्थिक तथा राजनैतिक व्यवस्था के लागू होने का प्रभाव भारत के युवाओं पर भी पड़ा। ब्रिटिश साम्राज्यवाद के विरोध में समाजवादी विचारधारा की जड़ें भारतीय युवाओं में पनपने लगी।

समाजवाद एक ऐसी आर्थिक व्यवस्था है, जिसमें सेवाओं तथा

संसाधनों पर आम जनता का सामूहिक अधिकार होता है। इस व्यवस्था में देश की लोकतांत्रिक प्रणाली से चुनी हुई सरकार ही जनता की वास्तविक प्रतिनिधि है, तथा देश के प्रत्येक नागरिक के कल्याण के दृष्टिकोण से उसे सामाजिक, आर्थिक तथा राजनैतिक निर्णय लेना चाहिये। रूस में साम्यवादी शासन-प्रणाली लागू होने के बाद देश के युवाओं में यह प्रेरणा जागी कि भारत में भी स्वदेशी समाजवादी लोकतांत्रिक सरकार बनायी जानी चाहिये जो देश की सभी विषमताओं से भारतीयों को मुक्ति दिलाये। इसके लिये अँग्रेजों को भारत से बाहर करना आवश्यक था।

इसी बीच भारत में भी कुछ ऐसी राजनैतिक घटनाएँ घटी थीं, जिन्होंने भारतीय युवाओं में क्रान्ति की चेतना जगाने का काम किया। पूरे देश में महात्मा गाँधी के नेतृत्व में अँग्रेजों के विरुद्ध असहयोग आन्दोलन चलाया जा रहा था। यह आन्दोलन अपने चरम पर था। अँग्रेज सरकार इस आन्दोलन को कुचलने के लिये क्रूर दमनचक्र चला रही थी। इस अहिंसात्मक आन्दोलन के विरुद्ध अँग्रेज पुलिस के अत्याचारों से पीड़ित जनता का आक्रोश बढ़ता जा रहा था। इसी आक्रोश के कारण 12 फरवरी 1922 को गोरखपुर के **चौरी चोरा** ग्राम में आन्दोलनकारियों की भीड़ ने एक पुलिस थाने को घेर कर आग लगा दी। चौरी चोरा कांड के नाम से जाने जानी वाली इस घटना में बाइस पुलिस कर्मी मारे गये। इस हिंसक घटना के कारण महात्मा गाँधी ने अँग्रेजों के विरुद्ध असहयोग आन्दोलन तुरन्त प्रभाव से वापस ले लिया। अँग्रेजी शासन ने महात्मा गाँधी को गिरफ्तार कर लिया। आन्दोलन वापसी

के निर्णय से भारत के युवाओं में गहरी निराशा फैल गयी।

भारत में क्रांतिकारी आन्दोलन का इतिहास बंगाल से आरम्भ होता है। इसका एक कारण ये भी है कि भारत में अँग्रेजों की ईस्ट इंडिया कम्पनी के राज्य की शुरुआत भी प्लासी के युद्ध में नवाब सिराजुद्दौला के नेतृत्व में हिन्दुस्तानियों की हार के बाद ही हुई थी।

10 अप्रैल 1756 को बंगाल के नवाब अलीवर्दी खाँ की मृत्यु के बाद 24 वर्षीय सिराजुद्दौला को अपने नाना की नवाब की गद्दी प्राप्त हुई। उस समय ईस्ट इंडिया कम्पनी का लॉर्ड क्लाइव अपनी छल-कपट नीतियों से बंगाल पर कब्ज़ा करना चाहता था। सिराजुद्दौला उदार तथा अच्छे स्वभाव का युवक था। अँग्रेजों ने उसकी सरलता का लाभ उठा कर उसके प्रधान सेनापति मीर जाफर को लोभ दे कर विश्वासघात के लिये तैयार कर लिया। अँग्रेजों के इस छल-कपट से अनजान सिराजुद्दौला की सेना का 23 जून 1757 को मुर्शिदाबाद से बीस मील दूर पलाश वृक्षों के एक वन में अँग्रेजों की सेना से सामना हुआ। इस युद्ध में अपने ही सेनापतियों के विश्वासघात के कारण सिराजुद्दौला की हार हुई। 30 जून 1757 को अँग्रेजों की साज़िश के कारण वह अपने ही रिश्तेदारों के हाथों मारा गया। इसके साथ ही हिन्दुस्तान में अँग्रेजों के राज्य की शुरुआत हुई।

बंगाल अँग्रेजी साम्राज्यवाद का पहला शिकार था। इस कारण अँग्रेजों की छल नीति की टीस वहाँ हमेशा बनी रही। वर्ष 1905 में लॉर्ड कर्जन की बंग-भंग नीति के कारण यह टीस अधिक बढ़ गयी। इसके पहले वर्ष 1904 में अँग्रेजों ने एक ऐसा काला

कानून लागू किया जिसका उद्देश्य था— भारतीय युवाओं की अँग्रेजी शिक्षा पर रोक लगाना, ताकि वे ऊँची नौकरियों से वंचित रह जाएँ। इस कानून के विरुद्ध बंगाल के युवाओं में कड़ी प्रतिक्रिया हुई।

सन् 1905 में लॉर्ड कर्जन ने कोलकाता विश्वविद्यालय के दीक्षांत समारोह में भाषण देते हुए भारतीयों का खुलेआम अपमान किया—

"हिन्दुस्तान के लोग स्वाभाविक रूप से असत्य बोलने के आदी होते हैं।"

इस कथन की कड़ी प्रतिक्रिया हुई। ऐसी अनेक घटनाएँ बंगाल के युवाओं में क्रान्तिकारी चेतना का कारण बनीं। इस क्रान्तिकारी चेतना के चलते अहिंसक सत्याग्रह के साथ सशस्त्र विद्रोह की भी घटनायें हुईं। अँग्रेजी खज़ानों की लूट के साथ-साथ 30 अप्रैल 1908 को मुज़फ्फर बम कांड हुआ, जिसमें क्रूर अँग्रेज अधिकारी किंग्ज़ फोर्ड की बग्घी पर खुदीराम बोस तथा प्रफुल्ल चाकी ने बम फेंका था। मुज़फ्फरपुर बम कांड तथा बंगाल की क्रान्तिकारी घटनाओं का पूरे देश में व्यापक असर हुआ। लोकमान्य बाल गंगाधर तिलक ने इन घटनाओं की तुलना रूस की क्रान्तिकारी घटनाओं से की। उन्होंने पुणे से प्रकाशित अपने पत्र 'केसरी' में इन घटनाओं पर कई लेख प्रकाशित किये, जिसके कारण अँग्रेज सरकार ने उन्हें छः वर्ष के लिये बर्मा की माँडले जेल में कारावास की सजा दी। लोकमान्य तिलक को सजा देने के अँग्रेजी निर्णय से भारतीय युवाओं में राष्ट्रीय चेतना की भावनाएँ अधिक तेज़ी से विकसित हुईं।

खुदीराम बोस और प्रफुल्ल चाकी

लोकमान्य तिलक ने 12 मई 1908 को पूना से प्रकाशित होने वाले मराठी पत्र 'केसरी' में बंगाल के युवा क्रान्तिकारियों की भावनाओं के समर्थन में एक लेख में लिखा—

"सभी विवेकशील व्यक्ति इस तथ्य से एकमत होकर सहमत हैं कि शासकों द्वारा किये जा रहे उत्पीड़न तथा अत्याचारों के कारण ही बम-पार्टी अस्तित्व में आयी है। बंगाल की जनता के धीरज तथा उनकी सहनशीलता को हठधर्मी चुनौती देने के कारण ही वहाँ के युवाओं का हिंसा की ओर आकर्षण हो गया तथा वे बम विस्फोट जैसे कामों के लिये विवश हो गये।

इन सारी कठिन परिस्थितियों के लिये सिर्फ शासकों की हठ धर्मितापूर्ण गलत नीतियाँ ही जिम्मेदार हैं।"

11 अगस्त 1908 को अँग्रेजों ने खुदीराम बोस को फाँसी की सज़ा दे दी। उस समय उनकी आयु मात्र उन्नीस वर्ष थी। 09 नवम्बर 1908 को प्रफुल्ल चाकी भी अँग्रेज पुलिस के साथ मुठभेड़ में मारे गये।

इन सारी घटनाओं की प्रतिक्रिया देशभर के युवाओं में हुई। विदेशी अँग्रेजी शासन के विरुद्ध जो युवा सशस्त्र आन्दोलन बंगाल

में पनप रहा था, उसे देशभर के समाचार पत्रों में स्थान मिला। इन क्रान्तिकारी घटनाओं का प्रचार-प्रसार दिल्ली, उत्तरप्रदेश तथा पंजाब तक फैल गया।

चंद्रशेखर आज़ाद पर इन क्रान्तिकारी घटनाओं का गहरा प्रभाव पड़ा। काशी विद्यापीठ में अपने अध्ययनकाल में उन्होंने भी इन क्रान्तिकारियों की जीवनियाँ पढ़ी। 15 बेतों की 'वंदेमातरम' उद्घोष के साथ अँग्रेज़ी क्रूर सजा का हँसते-हँसते सामना करने वाले आज़ाद की जोशे जवानी पंडित अजय नारायण 'चकबस्त' के शब्दों में देश के लिये यूँ धधक रहा था—

हो यह सूरत से अयां आशिक़े आज़ादी हैं।
कुफ्ल है जिनकी ज़ुबा पर यह वो फ़र्यादी हैं॥

आज से शौक़े वफ़ा का यही जौहर होगा।
फ़र्श कांटों का हमें फूलों का बिस्तर होगा।
फूल हो जाएगा छाती पे जो पत्थर होगा।
क़ैद खाना जिसे कहते हैं वही घर होगा।

संतरी देख के उस जोश को शरमाएँगे।
गीत ज़ंजीर की झनकार पे हम गाएँगे।

हिन्दुस्तानी रिपब्लिकन एसोसिएशन

12 फरवरी 1922 को चौरीचोरा घटना के बाद महात्मा गाँधी द्वारा असहयोग आन्दोलन वापस लेने की घोषणा से युवाओं में निराशा आ गयी थी। चंद्रशेखर आज़ाद भी राष्ट्रीय आन्दोलन में सक्रिय हो रहे थे। बंगाल का युवा क्रान्तिकारी आन्दोलन उत्तर भारत तक

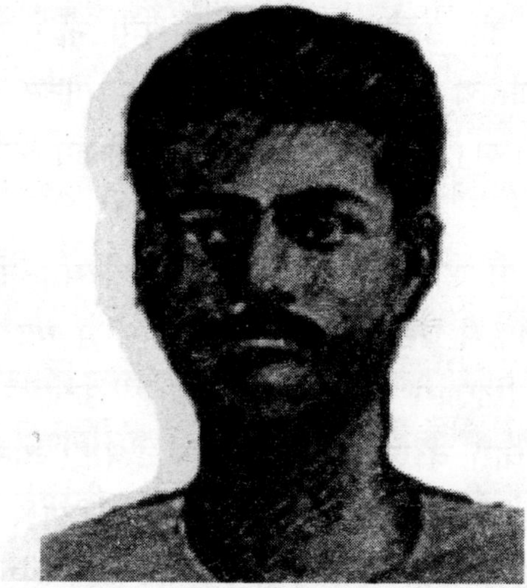

शचींद्रनाथ सन्याल, जिन्होंने आज़ाद को भावनात्मक रूप से प्रभावित किया

पहुँच गया था। काशी में भी युवा क्रान्तिकारियों की गतिविधियाँ आरम्भ हो गयी थीं।

अंदमान जेल में कालेपानी की सज़ा से छूटकर क्रान्तिकारी शचींद्रनाथ सन्याल ने अपना कार्यक्षेत्र उत्तर प्रदेश को बना लिया था। उन्होंने महात्मा गाँधी के आन्दोलन से निराश युवाओं को संगठित करने के प्रयास आरम्भ कर एक नये 'क्रान्तिकारी दल' का गठन कर लिया। इसी के समानान्तर क्रान्तिकारी सुरेशचंद्र भट्टाचार्य के नेतृत्व में 'अनुशीलन समिति' नाम से एक क्रान्तिकारी संस्था ने अपनी गतिविधियों का आरम्भ वाराणसी में एक युवक क्षेत्रसिंह के नेतृत्व में 'कल्याण आश्रम' के रूप में किया। इन दोनों ही क्रान्तिकारी संगठनों का उद्देश्य ब्रिटिश राज के विरुद्ध युवाओं को जागरूक कर उन्हें सशस्त्र विद्रोह के लिये

तैयार करना था। इस उद्देश्य से इन दोनों संगठनों ने युवाओं के बीच विप्लव साहित्य बाँटना तथा उन्हें अपने संगठन का सदस्य बनाना आरम्भ किया। युवा चंद्रशेखर आज़ाद भी इन क्रान्तिकारियों से जुड़ गये।

सन् **1924** में कानपुर में दोनों क्रान्तिकारी संगठनों की एक गुप्त बैठक हुई। इस बैठक के विचार-विमर्श में यह पाया गया कि दोनों ही क्रान्तिकारी संगठनों का एक ही उद्देश्य था। एक से सिद्धांतों, विचारों व लक्ष्य में समानता देखकर दोनों दलों ने मिलकर एक नये क्रान्तिकारी दल का गठन किया।

इस दल का नाम था—'हिन्दुस्तान रिपब्लिकन एसोसिएशन।'

क्रान्तिकारियों ने इस दल का लिखित संविधान भी जारी किया।

इस लिखित विधान के उद्देश्य से लिखा गया—

'Fedrated Republic of the United States of India.'

हिन्दी में इसका अर्थ—

भारत के संयुक्त राज्यों का संघबद्ध गणराज्य।

इस दल के संविधान में सन् 1917 में रूस में हुई साम्यवादी क्रान्ति की भावनाएँ शामिल थीं। इस संविधान के प्रमुख संकल्प इस प्रकार थे—

1. संगठन और क्रान्ति के माध्यम से भारत में एक गणतांत्रिक शासन प्रणाली लागू करना।

2. इस गणतंत्र में भारत के सभी प्रान्तों को राज्य के घरेलू विषयों में पूर्ण स्वतंत्रता होगी।

3. प्रत्येक व्यस्क नागरिक को मताधिकार होगा।

चंद्रशेखर आज़ाद के अग्रज क्रांतिकारी रामप्रसाद बिस्मिल

4. एक ऐसी सामाजिक तथा राजकीय प्रणाली स्थापित की जाऐगी, जिसमें सभी शोषित मनुष्यों का उत्थान हो सके।

5. गणतंत्र में अन्याय तथा शोषण मुक्त पद्धति लागू करना संगठन का उद्‌देश्य होगा।

'हिन्दुस्तान रिपब्लिकन एसोसिएशन' की पूरे उत्तरप्रदेश में शाखाएँ स्थापित की गयीं। काशी में इस क्रान्तिकारी संगठन की शाखा का नेतृत्व शचीन्द्र नाथ बख्शी, राजेंद्र लाहिड़ी, रवीन्द्र मोहन सरकार तथा प्रणवेश कर रहे थे।

शाहजहाँपुर में सुप्रसिद्ध कवि–क्रान्तिकारी रामप्रसाद 'बिस्मिल' भी इस संगठन में नेतृत्व कर रहे थे। इस दल में अशफाकुल्लाह खाँ, डॉ. रोशन सिंह, रामकृष्ण खत्री, दामोदर सेठ, भूपेन्द्र सन्याल

भी शामिल थे।

आज़ाद के क्रान्तिकारी विचारों से काशी में दल के संगठनकर्ता प्रणवेश चंद्रशेखर से बहुत प्रभावित हुए। आरम्भ में उन्हें दल में एक साधारण सदस्य के ही रूप में शामिल किया गया, लेकिन आज़ाद ने अपनी सूझबूझ, कठिन श्रम और कुशल संगठन क्षमता के बल पर शीघ्र ही न केवल इस दल में, बल्कि भारत की आज़ादी के क्रान्तिकारी इतिहास में महत्त्वपूर्ण स्थान बना लिया।

हिन्दुस्तान रिपब्लिकन एसोसिएशन सही अर्थों में भारत की एकता का प्रतीक थी।

काकोरी की क्रान्ति

'हिन्दुस्तान रिपब्लिक एसोसिएशन' का गठन उत्तरप्रदेश के **कानपुर में** किया गया था। इस समय देश के अन्य भागों में भी युवाओं की क्रान्तिकारी गतिविधियाँ चल रही थीं। यह निर्णय लिया गया कि दल का पूरे देश में विस्तार किया जाये। देश के सभी क्रान्तिकारियों को एक करने के उद्‌देश्य से एक क्रान्तिकारी आह्वान पर्चा तैयार किया गया। यह पर्चा अँग्रेजी भाषा में था। गुप्त रूप से इसे रंगून से पेशावर तक वितरित किया गया।

इस पर्चे में देश के सभी क्रान्तिकारी युवाओं को एक शोषण मुक्त आज़ाद भारतीय गणतंत्र की स्थापना में शामिल होने का आह्वन किया गया था। यह पर्चा सभी विद्यालयों व युवा संस्थाओं तक पहुँचाया गया।

उन दिनों पंजाब में नौजवान भारत सभा की क्रान्तिकारी

गतिविधियाँ ज़ोरों पर थीं। लाहौर में युवा उत्साही देशभक्त क्रान्तिकारी सरदार भगतसिंह, भगवतीचरण, सुखदेव तथा यशपाल व उनके साथी इस पर्चे से बहुत प्रभावित हुए। पंजाब में भी हिन्दुस्तान रिपब्लिक ऐसोसिएशन की गुप्त गतिविधियाँ आरम्भ हो गयीं।

सुप्रसिद्ध क्रान्तिकारी लेखक तथा इस संगठन के सदस्य मन्मथनाथ गुप्त ने संगठन की गतिविधियों के बारे में लिखा है—

"इस आन्दोलन से आम जनता में राजनैतिक पुस्तकों के पढ़ने की प्रवृति बढ़ी। ये पत्र गुप्त रूप से भेजे जाते थे।"

क्रांतिकारी संगठन के स्थान प्रायः युवाओं के अध्ययन केंद्र तथा अखाड़ों के रूप में दिखते थे। युवाओं में 'आनंदमठ', गुरु गोविंदसिंह, शिवाजी, उपन्यास 'मदर', आयरलेंड की क्रान्ति, डीवलेरा, रूसी साहित्य इत्यादि क्रान्तिकारी पुस्तकों का प्रचार तथा गोष्ठियाँ आयोजित की जाती थीं। चंद्रशेखर आज़ाद अध्ययन-मनन, शारीरिक कसरत के साथ-साथ दल के प्रचार तथा नए-नए युवाओं को दल में शामिल करने में दिन-रात व्यस्त रहते।

इन सारे प्रयासों से संगठन की सदस्य संख्या तो बढ़ती जा रही थी, लेकिन क्रान्तिकारी साहित्य के प्रकाशन, सदस्यों के भरण-पोषण, देशभर में सम्पर्क कार्यों के साथ-साथ क्रान्तिकारी गतिविधियों के लिये हथियार जुटाने के लिये धन की आवश्यकता थी। संगठन के क्रान्तिकारी समझ रहे थे कि दान और चन्दे से संगठन अपने उद्देश्यों को नहीं प्राप्त कर सकता।

आरम्भ में दल ने बंगाल के क्रान्तिकारियों की तरह छुट-पुट डकैतियों से धन जुटाने का प्रयास किया। ये डकैतियाँ धनी

लोगों के घर पर डाली जाती थीं। यह ध्यान रखा जाता था कि घर की महिलाओं को किसी भी तरह का नुकसान न हो। चंद्रशेखर आज़ाद सहित दल के सभी सदस्य चरित्र के बहुत पक्के थे, तथा सभी महिलाओं को माता-बहनों का सम्मान दिया जाता था।

यह सभी डाके भेष बदल कर गोपनीय शब्दावली का प्रयोग कर डाले जाते थे। कई स्थानों पर पुलिस के भेष में भी डाके डाले गये। इस डाके में भाग लेने वाले को ज्ञानी, भक्त तथा अवधूत जैसी गुप्त शब्दावली में सम्बोधन दिया जाता था। आमतौर पर इस तरह की गतिविधियों में पं. रामप्रसाद बिस्मिल दल के सदस्यों का नेतृत्व करते थे। चंद्रशेखर आज़ाद ने भी इनमें भाग लिया। उनका नियम था—

'हम किसी महिला पर हाथ नहीं उठायेंगे। नारी सम्मान हमारा कर्तव्य है।'

लेकिन धीरे-धीरे संगठन के सदस्यों को लगने लगा कि इस तरह किसी व्यक्ति के घर या गाँव में डाका डाल कर धन एकत्र करने से पार्टी की प्रतिष्ठा को हानि हो रही है। इस सारी स्थिति पर विचार करने के लिए 28 जुलाई 1925 को एक बैठक बुलायी गयी।

इस बैठक में पं. रामप्रसाद बिस्मिल, राजेंद्र लाहिड़ी, अशफाकउल्ला खाँ, शचीन्द्रनाथ बख्शी, रोशनसिंह, जोगेश बाबू, मन्मथनाथ गुप्त, चंद्रशेखर आज़ाद ने भाग लिया।

इस बैठक में शचींद्रनाथ बख्शी ने सदस्यों को बताया—

'पूरे उत्तरप्रदेश में हमारा संगठन मज़बूत हो गया है। संगठन की गतिविधियों में तेज़ी भी आ गयी है। खबर मिली है कि शीघ्र

ही जर्मनी से पिस्तोलों का पार्सल भारत पहुँच रहा है। उसके कलकत्ता पहुँचते ही हमें नकद रुपया देकर उसे हासिल करना होगा, अब सवाल है कि इतना रुपया कहाँ से आएगा?'

सभी सदस्य इस बात पर एकमत थे कि सिवाय डकैती के इतना धन प्राप्त करने का और कोई रास्ता नहीं था।

जब छुटपुट डकैतियाँ बन्द की गयी थीं तभी यह प्रस्ताव आया था कि भविष्य में सरकारी खजाना लूट कर धन हासिल किया जाए। इससे अँग्रेज सरकार का भी अपमान होगा तथा जनमानस पर भी क्रान्तिकारी संगठन का अच्छा प्रभाव पड़ेगा। वास्तव में सरकारी खजाने को लूटना एक राजनीतिक निर्णय था।

नौ अगस्त 1925।

शाम का वातावरण।

शाहजहाँपुर-लखनऊ रेल मार्ग का बहुत छोटा ग्रामीण स्टेशन-काकोरी।

शाहजहाँपुर से लखनऊ की ओर जाने वाली आठ डाउन पैसेंजर गाड़ी के दूसरे दर्जे में तीन लोग सवार थे। इनके नाम थे—पंडित रामप्रसाद बिस्मिल, अशफाक उल्ला ख़ाँ और चंद्रशेखर आज़ाद।

इनके सात साथी उसी रेलगाड़ी के तीसरे दर्जे में यात्रा कर रहे थे—मन्मथनाथ गुप्त, राजेन्द्र लाहिड़ी, मुकंदीलाल, बनवारी लाल, शचीन्द्रनाथ बख्शी, मुरारी लाल और केशव चक्रवती।

क्रान्तिकारी संगठन 'हिन्दुस्तान रिपब्लिकन एसोसिएशन' के 11 सदस्यों का एक ही उद्देश्य था—क्रान्तिकारी कार्यों के लिये अँग्रेज सरकार के खजाने की लूट।

अगस्त माह की बरसाती शाम रात में ढल रही थी। अँधेरा हो चुका था। रेलगाड़ी के डिब्बों में बत्तियाँ जल चुकी थीं। रेलगाड़ी काकोरी स्टेशन पर रुकी। यात्रियों को लेकर चल दी।

गाड़ी के सिग्नल पार करते ही तीसरे दर्जे में बैठे यात्री उठे। साथ बैठे यात्रियों से प्रश्न किया—

"अरे वो जेवरों की पेटी कहाँ रह गयी?"

एक साथी ने इस सांकेतिक प्रश्न का उत्तर दिया—

"अरे वह तो काकोरी स्टेशन पर ही छूट गयी।"

संकेत समझते ही शचीन्द्रनाथ बख़्शी और राजेंद्र लाहिड़ी ने रेल की दोनों ओर की जंजीर खींच दीं।

चलती गाड़ी धीमी होते-होते रुक गयी। सभी क्रान्तिकारी बाहर आ गये। उनके हाथों में पिस्तोलें थीं।

खजाने की पेटी गार्ड के डिब्बे में थी।

पंडित रामप्रसाद बिस्मिल के नेतृत्व में काकोरी में अँग्रेजी खज़ाने की लूट हो रही थी।

रेलगाड़ी में सशस्त्र पुलिस तथा एक अँग्रेज सैनिक अधिकारी भी थे, लेकिन इन बहादुर क्रान्तिकारियों के साहस के आगे सबके होश उड़ गये थे। गार्ड के डिब्बे से खजाने की पेटी नीचे गिरा दी गयी। अशफाक उल्ला खाँ की देखरेख में हथोड़ी-छैनी से वह तिजोरी तोड़ कर रुपयों से भरे खजाने के थेले बाहर निकाल लिए गये। तभी अप रेल लाइन से लखनऊ की ओर से मेलगाड़ी खट-खट करती वहाँ से निकल गयी।

क्रान्तिकारी अँग्रेजी राज का खज़ाना लूटकर काकोरी के घने अँधेरे जंगलों में गायब हो गये।

दूसरी सुबह देश भर के अख़बारों में एक खबर चमक रही थी—

काकोरी के पास क्रान्तिकारियों द्वारा अँग्रेजी खज़ाने की सनसनीखेज लूट।

काकोरी की इस लूट को अँग्रेज सरकार के मुँह पर एक थप्पड़ माना गया। सरकार ने इसे एक चुनौती की तरह लिया।

इस लूट से सम्बन्धित व्यक्तियों की गिरफ़्तारी के लिये सरकार का गुप्तचर विभाग चौबीसों घंटे सक्रिय हो गया। जगह-जगह छापे मारे जाने लगे।

योजना के अनुसार दल के सदस्य भी अलग-अलग स्थानों पर चले गये।

चंद्रशेखर आज़ाद ने सभी को बताया कि वे अपने गाँव भाँवरा जा रहे हैं, लेकिन वे भाँवरा नहीं पहुँचे।

26 सितम्बर 1925 को अँग्रेज सरकार ने कई गिरफ्तारियाँ कीं, लेकिन वे आज़ाद का पता नहीं लगा सके। जगह-जगह आज़ाद के फोटो के परचे लगाये गये। उनकी सूचना देने वाले को भारी इनाम का लालच दिया गया था।

चंद्रशेखर तो बहुत पहले ही संकल्प ले चुके थे कि वे आज़ाद ही रहेंगे। काशी में बिछे पुलिस और गुप्तचरों के जाल को आज़ाद का कोई संकेत नहीं मिल रहा था।

उन्हीं दिनों झाँसी में राष्ट्रीय पाठशाला में ड्राइंग के अध्यापक रुद्र नारायण सिंह के घर एक ब्रह्मचारी रहने पहुँचे। कुछ दिनों बाद झाँसी के समीप ढिकनापुर के जंगलों की तरार नदी के किनारे एक हनुमान भक्त ब्रह्मचारी साधु की झोंपड़ी बन गयी। हनुमान

भक्त युवक को कई बार ग्राम वासियों ने जंगल में कुछ अनजान युवकों के साथ निशानेबाजी का अभ्यास करते भी देखा। युवक ने बताया—"उसका नाम हरिशंकर है तथा वह एक बाल-ब्रह्मचारी है जो वहाँ एकांतवास कर रहा है।"

कुछ समय बाद यह युवक झाँसी में एक मोटर ड्राइवर का सहायक बन मोटर चलाना सीखने लगा।

झाँसी के सरकारी गुप्तचर यह समझ ही नहीं पाये कि यह युवक ही चंद्रशेखर आज़ाद हैं, जो गुप्त रूप से क्रान्तिकारी युवाओं को संगठित कर रहे हैं।

इस गुप्तवास में चंद्रशेखर आज़ाद का परिचय राष्ट्रवादी विचारधारा के काँग्रेस समर्थक खनियाधाना के ज़मीनदार श्री खलकसिंह जू देव से हो गया। जू देव के हथियारों का उपयोग भी आज़ाद निशानेबाजी के अभ्यास के लिये ही करने लगे। इस प्रकार आज़ाद ने इस गुप्त प्रवास में भी क्रान्तिकारी गतिविधियों के पूर्वाभ्यास में समय व्यतीत किया, लेकिन काकोरी की लूट में गिरफ्तार अपने साथियों के लिये व्यथित और चिन्तित थे।

काकोरी के क्रान्तिकारी चंदशेखर आज़ाद को छोड़कर शेष सभी क्रान्तिकारी गिरफ्तार हो चुके थे। इन सभी पर लगभग अठारह महीने लखनऊ की अदालत में मुकदमा चला।

क्रान्तिकारियों पर अंग्रेज पुलिस द्वारा निम्नलिखित धाराएँ लगायी गयीं—

1. दफा 121—ब्रिटिश साम्राज्य के विरुद्ध युद्ध की घोषणा।

2. दफा 120अ—राजनीतिक षडयंत्र।

रामप्रसाद बिस्मिल, अशफाक उल्ला, रोशन सिंह और राजेन्द्र लाहिड़ी

3. दफा 369—हत्या तथा डकैती।

4. दफा 302—हत्या।

अँग्रेज सरकार की ओर से पंडित जगतनारायण मुल्ला मुकदमों की पैरवी कर रहे थे। क्रान्तिकारियों की ओर से उत्तरप्रदेश के नेता पंडित गोविंद वल्लभ पंत, बहादुर जी, चंद्रभान गुप्त, मोहनलाल सक्सेना बचाव पक्ष के वकील थे। ये सभी बिना किसी तरह की फीस लिये क्रान्तिकारियों के बचाव में खड़े थे।

पंडित रामप्रसाद 'बिस्मिल' प्रख्यात देशभक्त क्रान्तिकारी शायर थे।

इस क्रान्ति के दो साथी शचीन्द्रनाथ तथा अशफाक उल्ला काफी समय बाद गिरफ़्तार हुए थे। अशफाक भी बहुत अच्छे शायर थे।

काकोरी क्रान्ति के मुकदमे में रामप्रसाद 'बिस्मिल', राजेंद्र नाथ लाहिड़ी, रोशनसिंह तथा अशफाक उल्ला ख़ाँ को **फाँसी** की सज़ा सुनायी गयी।

शचीन्द्रनाथ को आजन्म कालेपानी की तथा मन्मथनाथ गुप्त को चौदह साल की कैद की सज़ा हुई।

रामकृष्ण खत्री, राजकुमार सिंह, योगेशचंद्र चटर्जी, मुकंदीलाल, गोविंद चरण को दस-दस साल के कारावास की सजा हुई। प्रेमकृष्ण खन्ना, भूपेंद्रनाथ सन्याल और रामदुलारे त्रिवेदी को पाँच-पाँच साल के कारावास का दंड मिला।

काकोरी के क्रान्तिकारियों के पक्ष में देश मे बड़ा आन्दोलन आरम्भ हुआ। आम जनता के आन्दोलन के कारण केंद्रीय असेम्बली के सदस्यों ने भी अँग्रेज सरकार से फाँसी की सज़ा रद्द करने की माँग की।

लेकिन ये सारे ही प्रयास विफल हुए। 17 दिसम्बर 1927 को गोंडा जेल में राजेन्द्रनाथ लाहिड़ी को फाँसी की सज़ा दी गयी। राजेन्द्र लाहिडी के अन्तिम शब्द उस युग में इन क्रान्तिकारी शहीदों की बलिदानी परम्परा का सच्चा परिचय देते हैं। शहीद राजेन्द्र लाहिड़ी के शब्द थे—

"मालूम होता है कि देश की बलिवेदी को हमारे रक्त की आवश्यकता है। मृत्यु क्या है? जीवन की दूसरी दिशा के अतिरिक्त और कुछ नहीं। यदि यह सच है कि इतिहास करवट बदलता है तो मैं समझता हूँ देश के शहीदों की मृत्यु व्यर्थ नहीं जाएगी। सभी देशवासियों को हमारा अन्तिम नमस्कार।"

पंडित रामप्रसाद 'बिस्मिल' को गोरखपुर जेल में 19 दिसम्बर 1929 को फाँसी दी गयी।

निर्भीक बिस्मिल 'वंदे मातरम' और 'भारत माता की जय' के उद्घोष के साथ फाँसी के फंदे पर चढ़ गये। उनसे उनकी

अन्तिम इच्छा पूछी गयी, तो उन्होंने कहा—"I wish the downfall of British empire."

(मैं ब्रिटिश साम्राज्य का अंत चाहता हूँ)

सरफ़रोशी की तमन्ना अब हमारे दिल में है।
देखना है ज़ोर कितना बाज़ू-ए-कातिल में है॥
शहीदों की चिताओं पर लगेंगे हर बरस मेले।
वतन पर मरने वालों का यही बाकी निशां होगा॥

ठाकुर रोशनसिंह को इलाहबाद जेल में फाँसी दी गयी। उन्होंने एक तपस्वी की तरह इस सज़ा को स्वीकार किया। उनके शब्द थे—

"ज़िदंगी ज़िंदादिली को जान ऐ रोशन।
वरना कितने मरे और पैदा होते जाते हैं।"

क्रान्तिकारी अशफ़ाक उल्ला को फैज़ाबाद में फाँसी दी गयी। उन्होंने हाजियों की अक़ीदत के साथ वतन को आख़िरी सलाम किया।

चंद्रशेखर आज़ाद अपने इन वरिष्ठ साथियों की शहादत से अत्यन्त व्यथित थे।

19 दिसम्बर 1927 को अशफ़ाक का मृत शरीर अन्तिम संस्कार के लिये मालगाड़ी से उनके परिजन शाहजहाँपुर ले जा रहे थे। बालामऊ स्टेशन पर एक साहबी सूट-बूट में सज्जित युवक आये। उन्होंने कहा—"हम शहीद-ए-आज़म को देखना चाहते हैं।"

चेहरे से कफन हटा कर लालटेन की धीमी रोशनी में उन्होंने शहीद को आख़री सलाम किया। आँसुओं की धारा के बीच वे

जाने कहाँ गायब हो गये।

वे चंद्रशेखर आज़ाद थे।

स्वतंत्रता पुकारती

महाकवि तथा नाटककार श्री जयशंकर प्रसाद का प्रसिद्ध प्रयाण गान है—

हिमाद्रि तुंग श्रृंग से,
प्रबुद्ध शुद्ध भारती।
स्वयंप्रभा समुज्ज्वला,
स्वतंत्रता पुकारती
अमर्त्य वीर पुत्र हो,
दृढ़ प्रतिज्ञ सोच लो।
प्रशस्त पुण्य पंथ है,
बढ़े चलो बढ़े चलो
असंख्य कीर्ति रश्मियाँ,
वकीर्ण दिव्य दाह सी।
सपूत मातृभूमि के,
रुको न शूर साहसी
अराति सैन्य सिन्धु में,
सुबाड़वाग्नि से जलो।
प्रवीर हो जयी बनो,
बढ़े चलो बढ़े चलो॥

08 दिसम्बर 1928 को दिल्ली की मथुरा रोड के फिरोजशाह

क्रान्तिकारी साथी बुटकेश्वर दत्त, सरदार भगत सिंह के साथ चंद्रशेखर आज़ाद

किले के खंडहरों में देशभर से आये भारतमाता के अनेकों वीर क्रान्तिकारी जुटे। इनमें चंद्रशेखर आज़ाद और सरदार भगतसिंह भी शामिल थे।

भारतमाता के इन दोनों शेर सपूतों की पहले भी भेंट हो चुकी थी।

कानपुर से राष्ट्रीय भावनाओं का संवाहक, प्रचारक, प्रसारक समाचार पत्र प्रताप देश भर के आज़ादी के समर्थकों की आवाज बन चुका था। जनता के लोकप्रिय निर्भीक राष्ट्रवादी गणेशशंकर विद्यार्थी इस पत्र के संपादक थे। विद्यार्थी जी युवा क्रान्तिकारियों के भी प्रिय आश्रयदाता तथा मार्गदर्शक थे।

उन्हीं दिनों भगतसिंह लाहौर से दिल्ली आ गये। वे दिल्ली में अर्जुन के संपादकीय विभाग में काम करते थे। इसी बीच अर्जुन का प्रकाशन बन्द हो गया। भगतसिंह ने विद्यार्थी जी को पत्र लिखा कि वे कानपुर आकर 'प्रताप' में काम करना चाहते हैं। विद्यार्थीजी ने तुरन्त उन्हें कानपुर आने का निमंत्रण भेज दिया। भगतसिंह 'प्रताप' के सम्पादकीय विभाग में बलवन्त के नाम से काम करने लगे। 'प्रताप' के कार्यालय में ही चंद्रशेखर आज़ाद तथा सरकार

भगत सिंह की भेंट हुई। यह भेंट मात्र दो तेजस्वी वीर युवकों की भेंट नहीं थी, बल्कि भारत के क्रान्तिकारी इतिहास में कई ओजस्वी प्रेरक प्रसंगों की भेंट थी।

उन दिनों दोनों ही युवक काकोरी क्रान्ति के मुकदमे की वजह से बहुत चिन्तित थे। दोनों ही देश में बिखर रहे क्रान्तिकारी आन्दोलन को फिर से जोड़ने के लिये योजनाएँ बनाने लगे। इसी समय बट्केश्वर दत्त भी उनसे आ मिले। इन तीनों की इच्छा थी कि किसी सशस्त्र प्रयास से काकोरी के बन्दियों को मुक्त करा लिया जाये, लेकिन उनके प्रयास सफल नहीं हो पाये। रामप्रसाद बिस्मिल और उनके साथी इन शब्दों के साथ शहीद हो गये—

मालिक तेरी रज़ा रहे और तू ही रहे,
बाकी न मैं रहूँ, न मेरी आरज़ू रहे।
जब तक कि तन में जान, रंगों में लहू रहे,
तेरा हो ज़िक्र या, तेरी ही जुस्तज़ू रहे।

देश के क्रान्तिकारी युवकों के लिये मालिक की एक ही इच्छा थी—भारत की आज़ादी और एक शोषण मुक्त देश का निर्माण।

सभी इस बात से सहमत थे कि देश की आज़ादी सशस्त्र प्रयासों से ही मिलेगी। इसलिए नए संगठन का नाम रखा गया—

हिन्दुस्तान सोशलिस्ट रिपब्लिकन आर्मी।

अर्थात हिन्दुस्तान समाजवादी गणतांत्रिक सेना।

एक बैठक में लाहौर, सहारनपुर, कोलकाता तथा आगरा में बम व हथियार बनाने का भी निश्चय किया गया।

चंद्रशेखर आज़ाद, सरदार भगतसिंह, सुखदेव, शिव शर्मा, विजय कुमार, फणीन्द्रनाथ घोष, कुंदनलाल, ब्रह्मदत्त, सुरेंद्रनाथ

पांडेय इत्यादि उपस्थित थे।

इस बैठक में फणीन्द्रनाथ घोष बिहार के, भगतसिंह और सुखदेव पंजाब के, विजयकुमार सिंह और शिव शर्मा उत्तरप्रदेश के संगठनकर्ता बनाये गये। चंद्रशेखर इस संगठन के अध्यक्ष थे। उनका विशेष दायित्व सशस्त्र प्रयासों के मुखिया के रूप में था।

इन नये संगठन की केंद्रीय समिति ने एक महत्त्वपूर्ण निर्णय यह भी लिया कि—

"भविष्य में केवल सार्वजनिक महत्त्व की घटनाओं को ही हाथ में लिया जाये।"

इसी निर्णय के अनुरूप संगठन ने सबसे पहले ब्रिटिश सरकार द्वारा भारत भेजे गये साइमन कमीशन का विरोध करने का फैसला लिया।

साइमन कमीशन और लाला लाजपतराय का बलिदान

वंदना के इन स्वरों में,
एक स्वर मेरा मिला लो।
बंदिनी माँ को न भूलो
राग में जब मत्त झूलो
अर्चना के रत्न कण में,
एक कण मेरा मिला लो।
जब हृदय का तार बोले
शृंखला के बन्द खोले
हो जहाँ बलि शीश अगणित,
एक सिर मेरा मिला लो।

—सोहनलाल द्विवेदी

सन् 1928 भारत में राष्ट्रीय चेतना की नई स्फूर्ति ले कर आया। प्रथम विश्वयुद्ध के दौरान ब्रिटिश सरकार ने भारतीय जनता का सहयोग माँगा था। इस सहयोग के बदले में कई आश्वासन भी दिये गये थे, लेकिन इस विश्वयुद्ध के समापन के बाद भारत की जनता को कुछ भी नहीं मिला। इस कारण जनता का आक्रोश भड़क गया। भारत की जनता, राष्ट्रवादी प्रेस तथा काँग्रेस जैसे राजनीतिक दल शासन सम्बन्धी सुधारों की माँग कर रहे थे।

सन् 1928 के आरम्भ में अँग्रेज सरकार ने घोषणा की कि इंग्लैंड से एक कमीशन भारत भेजा जाएगा। प्रारम्भ में यह भी कहा गया था कि भारतीय जनता की माँगों, इच्छाओं तथा आकांक्षाओं पर विचार करने वाले इस कमीशन के आधे सदस्य भारतीय ही होंगे। इसी कमीशन की रिपोर्ट के आधार पर भारतीयों के लोकतांत्रिक अधिकारों की दिशा तय की जाएगी, लेकिन जब यह कमीशन बनाया गया तो इसमें सभी सात सदस्य अँग्रेज थे। इस कमीशन की अध्यक्षता भी साइमन कर रहे थे। भारतीय जनता को साइमन कमीशन पर कोई विश्वास नहीं था तथा पूरे देश में इसका व्यापक विरोध हुआ। साइमन कमीशन के मुम्बई पहुँचने पर मज़दूरों की व्यापक हड़ताल हुई। काँग्रेस सहित पूरे भारत ने इस कमीशन का विरोध किया।

''साइमन वापस जाओ'',

''साइमन गो बैक''

भारतीय आन्दोलनकारी नारों के बीच 20 अक्टूबर 1928 को साइमन कमीशन लाहौर पहुँचा।

लाहौर में कमीशन के विरोध में भारी जुलूस निकाला गया।

चंद्रशेखर आज़ाद का वह कॉन्ट पिस्तौल जिससे कम्पनीबाग, इलाहाबाद में पुलिस के साथ संघर्ष करते हुए ख़ुद शहीद हुए

हजारों लोग हाथों में काले झंडे लिये साइमन कमीशन के विरोध में नारे लगाते रेलवे स्टेशन की ओर बढ़ रहे थे। इस जुलूस का नेतृत्व पंजाब के सर्वमान्य नेता वयोवृद्ध पंजाब केसरी लाला लाजपत राय कर रहे थे।

लाहौर के पुलिस सुपरिटेंडेंट स्टाक ने निहत्थे जुलूस पर लाठीचार्ज का आदेश दिया। अँग्रेज पुलिस के लाठीचार्ज में भी जुलूस का विरोध प्रदर्शन जारी रहा।

इसी समय लाहौर के डिप्टी सुपरिटेंडेंट पुलिस सांडर्स की क्रूर लाठियाँ वयोवद्ध लाला जी पर बरस पड़ीं। लाला लाजपत राय बुरी तरह घायल हुए।

उसी शाम लाहौर के मोरी दरवाजे पर इस घटना के विरोध में एक विशाल सभा आयोजित की गयी। इस सभा में लाला लाजपत राय ने अपने ओजस्वी भाषण में कहा—

"मैं अँग्रेज सरकार को इस सभा में चुनौती देता हूँ कि मेरे शरीर पर की गयी लाठी की हर चोट अँग्रेजी सरकार की कफन के कील बनेगी।"

17 नवम्बर 1928 को पुलिस की लाठी की चोटों से घायल लाला जी का स्वर्गवास हो गया। उनकी मृत्यु से पूरे देश की जनता में गुस्से की आग भड़क गयी।

लाला लाज़पत राय की इस मृत्यु को क्रान्तिकारी दल ने, अँग्रेज पुलिस द्वारा उनकी जानबूझ कर की गयी क्रूर हत्या के रूप में लिया। यह निश्चय किया गया कि लाला जी की हत्या के लिये ज़िम्मेदार पुलिस अफसर का वध कर दिया जाये। चंद्रशेखर आज़ाद, सरदार भगतसिंह तथा जयगोपाल ने लाला जी की हत्या का बदला लेने की सौगंध ली।

लाला जी की मृत्यु का बदला लेने के पूर्व क्रान्तिकारी दल ने चंद्रशेखर आज़ाद के नेतृत्व में सरकारी बैंक लूटने की योजना बनायी, लेकिन बाद में इसे स्थगित कर दिया गया। इसके पूर्व चंद्रशेखर आज़ाद और क्रान्तिकारी साथी फरीदाबाद के पास अँग्रेज वायसराय लॉर्ड इर्विन की रेल बोगी को टाइम बम से उड़ाने का प्रयास कर चुके थे। हालांकि उस विस्फोट में वायसराय को नुकसान नहीं हुआ, लेकिन इससे क्रान्तिकारियों की हिम्मत बढ़ गयी।

दिसम्बर 1928 के पहले सप्ताह में लाहौर के मजंग मोहल्ले में क्रान्तिकारियों की बैठक में सांडर्स की हत्या करने की योजना को अन्तिम रूप दिया गया।

इस योजना के अन्तर्गत यह विचार किया गया था कि लाहौर

के पुलिस सुपरिटेंडेंट स्कॉट ने लाठी चार्ज का आदेश दिया था, अतः उसका वध किया जाये। एक सुझाव यह भी था कि लाला जी की हत्या सांडर्स ने की थी, अतः उसका वध करना ही उचित होगा।

इस वध कार्य के लिये बनाये गये दल में सरदार भगतसिंह, आज़ाद, शिवराम, राजगुरु तथा जयगोपाल शामिल थे।

15 दिसम्बर, 1928 को लाहौर के डी.ए.वी. कॉलेज के पास राजगुरु तथा भगतसिंह ने गोलियाँ चला कर सांडर्स का वध कर दिया। आज़ाद का दायित्व भगतसिंह और राजगुरु का पीछा करने वाले सिपाहियों से उनकी रक्षा करना था। इसी दायित्व के चलते उन्होंने पीछा करने वाले एक सिपाही को गोली मार दी। अपना संकल्प पूरा कर ये सभी डी.ए.वी. कॉलेज के छात्रावास पहुँच गये।

पुलिस अधिकारी सांडर्स की हत्या की घटना के साथ ही पूरे लाहौर में सनसनी फैल गयी। पूरे शहर में हर तरफ पुलिस और उनके गुप्तचर क्रान्तिकारियों की खोज में फैल गये।

शाम होते होते सभी क्रान्तिकारी मजंग मोहल्ले के मकान में इकट्ठे हो गये। यशपाल तथा सुखदेव ने धन की व्यवस्था की। योजना बनायी गयी कि क्रान्तिकारी लाहौर से बाहर चले जाएँ। क्रान्तिकारी साथी भगवतीचरण वोहरा की पत्नी दुर्गा भाभी भी पहुँच गयी थीं।

लाहौर रेलवे स्टेशन पर चप्पे-चप्पे पर पुलिस तैनात थी। स्टेशन परिसर में कार से अँग्रेजी वेशभूषा में साहब-मेमसाहब की जोड़ी उतरी। उनके साथ उनका चपरासी भी था। तीनों शान से

कलकत्ता मेल में सवार हुए। थोड़ी ही देर में रेलगाड़ी लाहौर रेलवे स्टेशन से उन्हें लेकर कलकत्ता रवाना हो गयी।

उसी रेलगाड़ी में रामनामी वस्त्र पहने माला जपते हुए एक युवा संन्यासी भी यात्रा कर रहे थे।

अँग्रेज पुलिस की आँखों के सामने साहब बने भगतसिंह, चपरासी बने राजगुरु और माला जपते युवा संन्यासी के भेष में चंद्रशेखर आज़ाद पंजाब से बाहर चले गये। क्रान्तिकारियों के इस अभियान में दुर्गा भाभी ने मेम बन कर सहयोग किया था।

बहरी अँग्रेज सरकार के लिये बम धमाका

लाहौर के सांडर्स वध के बाद भगतसिंह और राजगुरु कोलकाता चले गये। चंद्रशेखर आज़ाद कुछ समय मथुरा रहे। क्रान्तिकारियों की केंद्रीय समिति ने निर्णय लिया कि आगरा में बम और हथियार बनाये जाएँ। धीरे-धीरे सारे क्रान्तिकारी आगरा में जमा हो गये। बम बनाने का काम सुखदेव और कुंदनलाल कर रहे थे।

चंद्रशेखर आज़ाद, सरदार भगतसिंह, राजगुरु, यशपाल, वेशम्पायन, सुखदेव, कुंदनलाल सभी आगरा में थे। इस बीच कुछ बहनें भी क्रान्तिकारी दल से जुड़ीं। इनमें सुशीला दीदी और प्रकाशवती प्रमुख थीं। क्रान्तिकारी साहित्य के अध्ययन-मनन के साथ आज़ाद अपने साथियों को हथियार चलाने का प्रशिक्षण भी दे रहे थे।

ये सारी तैयारियाँ किसी बड़ी क्रान्तिकारी घटना के लिये की जा रही थीं। इस बीच आज़ाद पंडित मोतीलाल नेहरू से भी

आनंदभवन इलाहाबाद में मिले। मोतीलाल जी से आज़ाद ने कहा—पूरा देश क्रान्तिकारियों के साथ है। क्रान्ति का हर कार्य देश को शक्ति देता है।

अँग्रेजों के भारतीय मेहनतकशों पर अत्याचार बढ़ते जा रहे थे। साम्राज्यवादी अँग्रेज सरकार को हिन्दुस्तानी मज़दूरों की हर न्यायोचित माँग एक चुनौती लगती। यह सरकार इन मज़दूरों की ताकत से घबराने लगी थी।

मज़दूरों की न्यायोचित माँगों को दबाने के लिये अँग्रेज सरकार ने एक नया दमनचक्र रचा।

उसने दो कानून बनाने का निश्चय किया—

पब्लिक सेफ्टी बिल तथा ट्रेड्स डिसप्यूट्स बिल।

इन कानूनों के बारे में सुनकर पूरे देश में उनका विरोध आरम्भ हो गया। हिन्दुस्तानी समाजवादी प्रजातंत्र सेना जानती थी कि इन अत्याचारी कानूनों का एक ही उद्‌देश्य है—भारतीयों की आज़ादी को कुचलना। भारतीय जनता विशेषकर मजदूर तथा उदारपंथी काँग्रेस भी इन कानूनों के विरोध में थे। दल की केंद्रीय समिति ने निश्चय किया कि इस कानून का विरोध दिल्ली सेन्ट्रल असेम्बली में बम विस्फोट करके किया जाये।

इस योजना की सफलता के लिये दल की एक शाखा दिल्ली में स्थापित की गयी। पहले इस विस्फोट के लिये सरदार भगतसिंह तथा चंद्रशेखर आज़ाद के नाम तय किये गये, लेकिन बाद में सोच-विचार कर यह निर्णय लिया गया कि चंद्रशेखर आज़ाद के स्थान पर बटुकेश्वर दत्त को सरदार भगतसिंह के साथ भेजा जाए।

चंद्रशेखर आज़ाद ने असेम्बली की गैलरी का निरीक्षण किया।

आज़ाद का विचार था कि विस्फोट के बाद भगतसिंह और बटुकेश्वर दत्त को सुरक्षित स्थान पहुँचा दिया जाये।

लेकिन सरदार भगतसिंह इस बम विस्फोट को भारतीय जनता के लिये एक बड़े संदेश के रूप में लेना चाहते थे। उनका कहना था—**इस बम विस्फोट के साथ साम्राज्यवादी अँग्रेज सरकार की गलत नीतियों को परचों के द्वारा जनता तक पहुँचाया जाए। बाद में मुकदमा चलने पर अदालत में हम अपने बयानों द्वारा दल की राष्ट्रवादी नीतियाँ जनता के सामने रखें। इस प्रकार दल के कार्यक्रम तथा संदेश का पूरे भारत की जनता में प्रचार होगा।**

08 अप्रेल 1929।

असेम्बली भवन दिल्ली।

असेम्बली में पब्लिक सेफ्टी बिल प्रस्तुत करने की प्रक्रिया चल रही थी।

सरदार भगतसिंह तथा बटुकेश्वर दत्त दर्शक दीर्घा में बैठे हुए थे। असेम्बली हाल में उनके बिल्कुल सामने सरकारी सदस्यों की बैंच थीं।

पब्लिक सेफ्टी बिल पर बहस चल रही थी। सर शुस्टर इस कानून को वायसराय की विशेष स्वीकृति से लागू करने की घोषणा करने के लिये उठे। तभी अँग्रेजी शासन के बहरे कानों में क्रान्तिकारियों के बम के धमाके की आवाज़ गूँज उठी। सरदार भगत सिंह और बटुकेश्वर दत्त ने पहला बम खाली बैंचों में फेंका। दूसरे बम का धमाका असेम्बली की गैलरी में किया गया। पूरा देश भगतसिंह और बटुकेश्वर दत्त के नारों से गूँज उठा—

"इन्क़लाब जिंदाबाद।"

"साम्राज्यवाद का नाश हो।"

इसके साथ ही असेम्बली भवन में संगठन के उद्देश्यों के लाल परचे बिखर गये।

भगतसिंह और बटुकेश्वर दत्त ने भागने की कोई कोशिश नहीं की। पूर्व योजनानुसार उन्होंने पुलिस को अपनी गिरफ्तारी दे दी।

असेम्बली बम विस्फोट से अँग्रेज सरकार हिल गयी। पूरे देश में क्रान्तिकारियों की गिरफ्तारियाँ होने लगीं। सरदार भगत सिंह तथा बटुकेश्वर दत्त असेम्बली भवन में ही गिरफ्तार हो गये थे। राजगुरु और सुखदेव भी गिरफ्तार कर लिये गये, लेकिन कठिन प्रयासों तथा ढेरों गुप्तचरों के षड्यंत्रों के बावजूद अँग्रेज प्रशासन चंद्रशेखर आज़ाद को गिरफ्तार नहीं कर पाया।

सरदार भगतसिंह क्रान्तिकारी दल के विचारक नेता थे। उन्होंने अपनी गिरफ्तारी और मुकदमे को राष्ट्रभक्ति के उत्साह के साथ कुछ इस प्रकार प्रस्तुत किया कि पूरा देश भारत माता की आज़ादी के लिये तड़प उठा। इस सम्पूर्ण प्रकरण में भारतीयों को राष्ट्रीय आत्मसम्मान के नवजागरण की नई दिशाएँ मिलीं।

दिल्ली के बाद भगतसिंह और उनके साथियों को लाहौर की सेन्ट्रल जेल ले जाया गया। जेल में भी ये क्रान्तिकारी ब्रिटिश राज्य के अत्याचारों के विरुद्ध भूख हड़ताल जैसे सत्याग्रह करते रहे।

भगतसिंह, राजगुरु और सुखदेव को फाँसी की सजा सुनायी गयी थी। बटुकेश्वर दत्त को आजन्म काले पानी की सज़ा दी गयी, लेकिन इन क्रान्तिकारियों के साहस को कोई नहीं डिगा

पाया। जेल इनके गीतों से गूंजती रहती थी—

नहीं रखनी सरकार ज़ालिम, नहीं रखनी।
चढ़ जाएँगे सूली पे हम, पर गुलामी की
ज़जीर नहीं रखनी।

सन् 1930।

पूरा भारत अपनी ज़मीं और अपने आसमाँ के लिये आन्दोलित था।

सरदार भगतसिंह और उनके साथी लाहौर जेल में थे। वे जेल से ही अपना सत्याग्रह चला रहे थे। इधर महात्मा गाँधी के नेतृत्व में काँग्रेस का आन्दोलन भी जोरों पर था, लेकिन यह सही है कि भगतसिंह की पूर्व कल्पना के अनुसार देश भर में नौजवान क्रान्तिकारियों के उद्देश्यों की महानता से भारत की जनता प्रभावित हो रही थी।

क्रान्तिकारियों के सेनापति चंद्रशेखर आज़ाद—सरदार भगतसिंह और उनके साथियों के बन्दी जीवन से अत्यन्त व्यथित थे। उनके सामने दो चुनौतियाँ थीं। पहली, क्रान्तिकारी संगठन का पुनर्गठन, दूसरी सरदार भगतसिंह और उनके साथियों को जेल से छुड़वाना।

क्रान्तिकारियों की गिरफ्तारियों के बाद दल में बिखराव आ चुका था, लेकिन आज़ाद अपने कठोर श्रम, दृढ़ इच्छा शक्ति व अदम्य साहस से दल का नेतृत्व कर रहे थे। कई नये सदस्य दल के साथ जुड़े। इनमें दुर्गा भाभी, सुशीला दीदी तथा यशपाल शामिल थे। इस जटिल स्थिति में काँग्रेस की क्रान्तिकारियों से सहानुभूति नहीं थी, लेकिन आज़ाद और उनके साथियों का साहसी मन भगतसिंह व अन्य बन्दी क्रान्तिकारियों की मुक्ति में लगा

आरम्भ हो गया। भगत सिंह तथा उनके साथियों को देखने के लिये हजारों की संख्या में जनता—'इंकबाल जिंदाबाद' के नारों से उनका अभिनंदन करती।

09 अक्टूबर 1930 को अदालत ने सरदार भगत सिंह, राजगुरु और सुखदेव को फाँसी की सज़ा सुना दी।

इस बीच चंद्रशेखर आज़ाद ने दिल्ली और कानपुर में बढ़ती पुलिस की सक्रियता के कारण बम्बई प्रांत में क्रान्तिकारी संगठन बनाने का निश्चय किया। इस कार्य में गदर पार्टी के कर्मठ देशभक्त नेता पृथ्वी सिंह की सहायता ली गयी। धनवंतरी ने पृथ्वीसिंह तथा आज़ाद की इलाहाबाद में भेंट करवायी। इस प्रकार बम्बई में क्रान्तिकारी संगठन की शाखा का आरम्भ हुआ। अदालत के निर्णय के समय दल के अधिकांश सदस्य बम्बई में ही थे, लेकिन आज़ाद इलाहाबाद में थे।

तभी एक कानूनी राय आयी कि अगर कोई साधारण क्रान्तिकारी आत्मसमर्पण कर दे तो यह मुकदमा अभी आगे जारी रखा जा सकता है। इस काम के लिये सुशीला दीदी ने स्वेच्छा से अपना नाम प्रस्तावित किया। वे यह प्रस्ताव लेकर स्वीकृति के लिये इलाहबाद आज़ाद के पास आयीं, लेकिन आज़ाद की स्वीकृति उन्हें नहीं मिली।

आज़ाद चाहते थे कि महात्मा गाँधी लॉर्ड इर्विन समझौता वार्ता में भगत सिंह तथा उनके साथियों की मृत्युदंड सज़ा को निरस्त करवाने में सहायता करे। लेकिन उन्हें इसमें कोई सफलता नहीं मिली।

अंततः 23 मार्च 1931 को भगत सिंह राजगुरु और सुखदेव

क्रान्तिकारी हथियारों की जाँच में व्यस्त थे।

इस योजना के लिये बम भी बनाये गये थे। भगतीचरण, सुखदेव राज तथा वैशम्पायन बम के परीक्षण के लिए रावी नदी किनारे के जंगल में गये हुए थे। दुर्भाग्यवश बम के ट्रैगर में कुछ खराबी थी। जैसे ही भगवतीचरण ने बम फेंक कर परीक्षण करने के लिये दाहिना हाथ उठाया, बम उनके हाथ में ही फट गया। वे वहीं गिर पड़े। भगवतीचरण का दाहिना हाथ उड़ गया था। वे लहूलुहान तथा गम्भीर रूप से घायल थे। वैशम्पायन और सुखदेव राज ने उन्हें सँभालने का प्रयास किया। वैशम्पायन के कहने पर आज़ाद को यह सूचना देने सुखेदव राज बँगले पर पहुँचे।

वह 28 मई 1930 की क्रूर शाम थी। रावी नदी के किनारे जंगलों में घायल भगवतीचरण अन्तिम सांसें ले रहे थे। उनके अन्तिम शब्द थे—

"मैं भगत सिंह के मुक्ति यज्ञ में योगदान नहीं दे पा रहा हूँ, काश यह दुर्घटना दो दिन बाद हुई होती।"

चंद्रशेखर आज़ाद और यशपाल ने रावी के किनारे ही उस वीर क्रान्तिकारी का अन्तिम संस्कार कर दिया।

भगवतीचरण वोहरा की इस दुर्घटना में मृत्यु भगत सिंह के मुक्ति प्रयासों को भारी धक्का थी। भगत सिंह भी नहीं चाहते थे कि दल के सेनापति आज़ाद और अपने साथियों के प्राणों के कीमत पर वे मुक्त हों।

अपने कर्मठ तथा निर्भीक साहसी साथी की मृत्यु से आज़ाद तथा भगत सिंह सहित दल के सभी साथियों को बहुत दुःख हुआ।

इस बीच भगत सिंह तथा साथियों पर ऐतिहासिक मुकदमा

आवश्यकता थी। यह तय किया गया कि इस योजना में महिलाओं का भी सहयोग लिया जाएगा। योजना की रूपरेखा की चर्चा यशपाल, सुखदेवराज तथा धनवतंरी के साथ भी की गयी।

यह तय किया गया कि रविवार 01 जून 1930 को जेल पर सशस्त्र हमला किया जाये। उन दिनों भगत सिंह तथा बटुकेश्वर दत्त लाहौर की सेन्ट्रल जेल में बन्दी थे। लाहौर प्रकरण के अन्य क्रान्तिकारियों को जेल लाहौर में रखा गया था। प्रत्येक रविवार को भगत सिंह और दत्त को भी जेल ले जाया जाता था। आज़ाद की योजना यह थी कि जब इन दोनों को जेल के मुख्यद्वार से सड़क पर खड़े पुलिस वाहन में बिठाने के लिये ले जाया जाए, तभी पुलिस दल पर बम और पिस्तौल से हमला कर इन्हें मुक्त करा लिया जाये। ये दोनों क्रान्तिकारी वाहन मे बैठ कर वहाँ से निकल जाएँ। यह भी तय किया गया था कि भगवतीचरण के नेतृत्व में एक दल पुलिस पर हमला करेगा। दूसरा दल पिस्तौल से पुलिस को पीछा करने से रोकेगा। दूसरे दल का नेतृत्व चंद्रशेखर आज़ाद की अचूक निशानेबाज़ी के गुण के कारण उन्हें सौंपा गया था। सरदार भगत सिंह तथा दल को भी इस योजना की जानकारी दे दी गयी थी। सभी क्रान्तिकारी जानते थे कि इस साहसिक सशस्त्र प्रयास में मृत्यु भी हो सकती है, लेकिन ये वीर क्रान्तिकारी तो सिर पर पर कफन बाँधकर ही देश की आज़ादी के अभियान में शामिल हुए थे।

28 मई 1930।

आज़ाद तथा कुछ क्रान्तिकारी बहावलपुर रोड के बँगले में ही थे। दो दिन बाद ही योजना को अन्तिम रूप दिया जाना था।

हुआ था।

देश के प्रमुख नगरों जैसे आगरा तथा सहारनपुर में बम बनाये जा रहे थे। सहारनपुर में शिव वर्मा इस काम में जुटे हुए थे। आज़ाद झाँसी में थे। तभी समाचार मिला कि दिल्ली मुकदमे के खत्म होने के बाद अँग्रेज पुलिस रेलमार्ग से भगत सिंह और बटुकेश्वर दत्त को लाहौर ले जाएगी। आज़ाद की योजना थी कि इस रेलयात्रा के दौरान ही दोनों क्रान्तिकारियों को मुक्त करा लिया जाए।

लेकिन तभी सहारनपुर बम फैक्ट्री पर पुलिस का छापा पड़ गया। हथियारों सहित शिव वर्मा और जयदेव को बम फैक्ट्री में ही गिरफ्तार कर लिया गया, लेकिन आज़ाद हताश नहीं हुए। अब वे लाहौर आ गये तथा भगवतीचरण वोहरा के सहयोग से मुक्ति प्रयासों की योजना बनाने लगे।

लाहौर के बहावलपुर रोड पर एक मकान किराये पर लिया गया। आज़ाद, भगवतीचरण, यशपाल, धनवंतरी, वैशम्पायन, सुखदेव राज सभी क्रान्तिकारी यहीं थे। सुशीला दीदी और दुर्गा भाभी भी साथ में ही थीं। इसलिये लगता था कि कोई संयुक्त गृहस्थ परिवार यहाँ रह रहा है।

चंद्रशेखर आज़ाद जानते थे कि अगर भगतसिंह और उनके साथियों को जेल से मुक्त करा लिया जाए तो न केवल दल का बल्कि पूरे भारत की जनता का साहस और आत्मविश्वास आसमान की बुलंदियों तक पहुँच जाएगा।

सबसे पहले इस योजना पर आज़ाद और भगवतीचरण ने विचार किया। योजना में एक मोटरकार, बम और पिस्तौल की

हुआ था।

देश के प्रमुख नगरों जैसे आगरा तथा सहारनपुर में बम बनाये जा रहे थे। सहारनपुर में शिव वर्मा इस काम में जुटे हुए थे। आज़ाद झाँसी में थे। तभी समाचार मिला कि दिल्ली मुकदमे के खत्म होने के बाद अँग्रेज पुलिस रेलमार्ग से भगत सिंह और बटुकेश्वर दत्त को लाहौर ले जाएगी। आज़ाद की योजना थी कि इस रेलयात्रा के दौरान ही दोनों क्रान्तिकारियों को मुक्त करा लिया जाए।

लेकिन तभी सहारनपुर बम फैक्ट्री पर पुलिस का छापा पड़ गया। हथियारों सहित शिव वर्मा और जयदेव को बम फैक्ट्री में ही गिरफ्तार कर लिया गया, लेकिन आज़ाद हताश नहीं हुए। अब वे लाहौर आ गये तथा भगवतीचरण वोहरा के सहयोग से मुक्ति प्रयासों की योजना बनाने लगे।

लाहौर के बहावलपुर रोड पर एक मकान किराये पर लिया गया। आज़ाद, भगवतीचरण, यशपाल, धनवंतरी, वैशम्पायन, सुखदेव राज सभी क्रान्तिकारी यहीं थे। सुशीला दीदी और दुर्गा भाभी भी साथ में ही थीं। इसलिये लगता था कि कोई संयुक्त गृहस्थ परिवार यहाँ रह रहा है।

चंद्रशेखर आज़ाद जानते थे कि अगर भगतसिंह और उनके साथियों को जेल से मुक्त करा लिया जाए तो न केवल दल का बल्कि पूरे भारत की जनता का साहस और आत्मविश्वास आसमान की बुलंदियों तक पहुँच जाएगा।

सबसे पहले इस योजना पर आज़ाद और भगवतीचरण ने विचार किया। योजना में एक मोटरकार, बम और पिस्तौल की

आवश्यकता थी। यह तय किया गया कि इस योजना में महिलाओं का भी सहयोग लिया जाएगा। योजना की रूपरेखा की चर्चा यशपाल, सुखदेवराज तथा धनवतंरी के साथ भी की गयी।

यह तय किया गया कि रविवार 01 जून 1930 को जेल पर सशस्त्र हमला किया जाये। उन दिनों भगत सिंह तथा बटुकेश्वर दत्त लाहौर की सेन्ट्रल जेल में बन्दी थे। लाहौर प्रकरण के अन्य क्रान्तिकारियों को जेल लाहौर में रखा गया था। प्रत्येक रविवार को भगत सिंह और दत्त को भी जेल ले जाया जाता था। आज़ाद की योजना यह थी कि जब इन दोनों को जेल के मुख्यद्वार से सड़क पर खड़े पुलिस वाहन में बिठाने के लिये ले जाया जाए, तभी पुलिस दल पर बम और पिस्तौल से हमला कर इन्हें मुक्त करा लिया जाये। ये दोनों क्रान्तिकारी वाहन मे बैठ कर वहाँ से निकल जाएँ। यह भी तय किया गया था कि भगवतीचरण के नेतृत्व में एक दल पुलिस पर हमला करेगा। दूसरा दल पिस्तौल से पुलिस को पीछा करने से रोकेगा। दूसरे दल का नेतृत्व चंद्रशेखर आज़ाद की अचूक निशानेबाज़ी के गुण के कारण उन्हें सौंपा गया था। सरदार भगत सिंह तथा दल को भी इस योजना की जानकारी दे दी गयी थी। सभी क्रान्तिकारी जानते थे कि इस साहसिक सशस्त्र प्रयास में मृत्यु भी हो सकती है, लेकिन ये वीर क्रान्तिकारी तो सिर पर पर कफन बाँधकर ही देश की आज़ादी के अभियान में शामिल हुए थे।

28 मई 1930।

आज़ाद तथा कुछ क्रान्तिकारी बहावलपुर रोड के बँगले में ही थे। दो दिन बाद ही योजना को अन्तिम रूप दिया जाना था।

हँसते-हँसते फाँसी पर चढ़ गये।

आज़ाद ही रहेंगे

प्रसिद्ध क्रान्तिकारी उपन्यासकार श्री यशपाल ने चंद्रशेखर आज़ाद के बारे में लिखा था—

'आज़ाद विचारक नहीं, सेनापति थे। जिन विचारों या उद्‌देश्यों ले लेकर हिन्दुस्तान समाजवादी प्रजातंत्र सेना ने जान-जोखिम का मार्ग चुना था, उस कार्यक्रम को पूरा करने के लिये आज़ाद ने कोई कसर न छोड़ी। उनका काम विचारों का विश्लेषण नहीं था, विचारों को ले कर चलने वाले सैनिकों का संचालन करना था। आज़ाद संकट के सभी कामों में सदा आगे रहते थे—आज़ाद को अलग सुरक्षित बैठे रहने में चैन नहीं पड़ता था।'

यशपाल जी के ये शब्द महान क्रान्तिकारी सेनापति चंद्रशेखर आज़ाद के संपूर्ण व्यक्तित्व को प्रस्तुत करते हैं।

सन् 1931 में आरम्भ में चंद्रशेखर आज़ाद अपने कई साथियों के साथ इलाहबाद में थे। आज़ाद पंडित जवाहरलाल नेहरू से भेंट करने आनंद भवन भी गये। इस भेंट का मुख्य उद्‌देश्य भावी राजनीतिक घटनाओं तथा गोलमेज सम्मेलन में क्रान्तिकारी विचारधारा के भविष्य पर विचार-विमर्श करना था।

पंडित जवाहरलाल नेहरू ने अपनी आत्मकथा 'मेरी कहानी' में इस भेंट का उल्लेख किया है। इस भेंट में आज़ाद ने कहा था—'हम आतंकवादी नहीं हैं, हम सशस्त्र क्रान्ति के माध्यम से हिन्दुस्तान की आज़ादी के लिये प्रयास कर रहे हैं।'

एल्फ्रेड पार्क, इलाहाबाद में अपने पिस्तौल की आख़िरी गोली से शहीद हुए आज़ाद

चंद्रशेखर आज़ाद मानते थे कि क्रान्तिकारियों के प्रयत्न भी देश की मुक्ति के लिये संघर्ष का ही भाग हैं। क्रान्तिकारी, अँग्रेज सरकार के अत्याचारों से लोहा लेकर विदेशी शासकों को यह बताना चाहते हैं कि तुम्हारे हथियारों की ताकत से हम डरते नहीं हैं। क्रान्तिकारियों के संगठन की विचारधारा आतंकवादी नहीं प्रजातांत्रिक समाजवादी है।

क्रान्तिकारी साथी **रूस की क्रान्ति** से बहुत प्रभावित थे। उनमें से कुछ साथियों ने सुझाव दिया कि चंद्रशेखर आज़ाद रूस चले जाएँ, लेकिन चंद्रशेखर आज़ाद भारत से कहीं बाहर जाने के पक्ष में नहीं थे। वे कहते थे—

'चंद्रशेखर आज़ाद रहे हैं और आज़ाद ही रहेंगे। अन्तिम साँस भी भारत माता की गोदी में लेंगे।'

इन्हीं दिनों आज़ाद ने संगठन में विचार-विमर्श किया। एक

राय यह बनी कि दल के कुछ सदस्यों को क्रान्ति के प्रचार तथा संगठित कार्यशैली के प्रशिक्षण के लिये रूस भेजा जाए। उन्होंने इस निमित्त पं. जवाहर लाल नेहरू से आर्थिक सहायता माँगी थी। नेहरू जी ने यशपाल को पंद्रह सौ रुपये दे भी दिये थे।

यह तय किया गया कि 01 मार्च 1931 को यशपाल, सुरेंद्रनाथ पांडेय तथा वैशम्पायन रूस जाएँगे। यशपाल यात्रा की तैयारियाँ करने लगे।

इलाहबाद, 27 फरवरी 1931 दिन शुक्रवार सुबह लगभग दस बजे का समय।

यशपाल तथा सुरेंद्रनाथ पांडेय को खरीदारी के लिये चौक जाना था। आज़ाद ने कहा—'मुझे एल्फ्रेड पार्क में किसी से मिलना है, मैं भी चलता हूँ।'

तीनों साइकल पर निकले। एल्फ्रेड पार्क के सामने ही सुखदेव राज मिल गये।

आज़ाद सुखदेव राज के साथ पार्क में चले गये। पार्क के चारों ओर पुलिस का घेरा डाल दिया गया था। अचानक एक गोली आज़ाद की जाँघ में धँस गयी।

आज़ाद समझ गये कि किसी मुखबिर की गद्दारी से पुलिस को उनके सम्बन्ध में जानकारी मिल गयी है। उन्होंने इमली के वृक्ष की आड़ लेकर पिस्तौल हाथ में ले ली। अपने साथी को आदेश दिया कि वह तुरन्त वहाँ से निकल जाये।

आज़ाद की पिस्तौल की गोली से अँग्रेज अफसर नॉट बाबर की कलाई टूट गयी। उन्हें पुलिस ने चारों ओर से घेर लिया था। चारों ओर से उन पर गोलियाँ बरसाई जा रही थीं।

वीर आज़ाद ने अन्तिम साँस तक अँग्रेज पुलिस से सशस्त्र संघर्ष किया। अन्तिम गोली तो उन्होंने स्वयं के लिये बचा कर रखी थी, क्योंकि उनका संकल्प था—अब बन्धन मुझे बाँध न पाएँगे। आज़ाद हूँ। आज़ाद ही रहूँगा। कुल पच्चीस वर्ष की आयु में चंद्रशेखर आज़ाद देश की आज़ादी के लिये शहीद हो गये। सुप्रसिद्ध कवि श्रीकृष्ण सरल की श्रद्धाजंली में काव्य पंक्तियाँ—

आज़ाद हिंद के बलिदानों का स्वर्ण लेख
जो गर्म खून से गौरव लिपि में लिखा गया।
भारत के बेटे, आज़ादी के परवाने,
यह सत्य, सूर्य जैसे चमका कर दिखा गया।

आज़ाद देश की आज़ादी का वह रहस्य
जिसने जाना, वह बना देश का दीवाना॥
जो जान न पाया, उस कृतघ्न का क्या कहना?
है अर्थहीन उसका जग में आना-जाना।

□□□